Philip Whitfield

Bunter Bildatlas der Dinosaurier

Quetzalcoatlus

Vorangegangene Seite: Dilophosaurus

Philip Whitfield
Bunter Bildatlas der Dinosaurier

MOEWIG

A Marshall Edition
© Marshall Editions Developments Limited
Originaltitel: *Dinosaur Encyclopedia for Children*

Illustrationen: Steve Kirk, mit Ausnahme von
Mark Iley S. 22/23, 38/39, 52/53, 66/67, 80/81, 88/89
und Vana Haggarty S. 9

Dank an
Dr. David Norman (Sedgwick Museum, Cambridge)
und Prof. Barry Cox (King's College, University of London)
für die wertvolle Beratung

© für den deutschen Text: Verlag Herder, Freiburg
© für diese Ausgabe 1997 by
Verlagsunion Pabel Moewig KG, Rastatt
Alle Rechte vorbehalten. All rights reserved
Aus dem Englischen von Dipl. Biol. Iva Stepanek
Photographien: Oxford Scientific Film
Printed in France 1997
ISBN 3-8118-1376-5

Inhalt

6 Einleitung
8 Das Dinosaurierzeitalter
10 Dinosaurier und ihre Verwandten

12 Trias
14 Leben in der Trias
16 Untere Trias – Buntsandstein
   – Europa, Afrika, Asien
18 Mittlere Trias – Muschelkalk – Europa
20 Mittlere Trias – Muschelkalk
   – Nord- und Südamerika
22 Säugerähnliche Reptilien
   – Die Vorfahren der Säugetiere
24 Obere Trias – Keuper – Europa
28 Obere Trias – Keuper – Nordamerika

30 Unterer Jura
32 Leben im Unteren Jura
34 Unterer Jura – Europa
36 Unterer Jura – Afrika und Asien

Torosaurus (Stierechse)

38 Ichthyosauria – Meeresreptilien
40 Unterer Jura – Nordamerika

42 Oberer Jura
44 Leben im Oberen Jura
46 Oberer Jura – Europa
48 Oberer Jura – Afrika
50 Oberer Jura – Asien
52 Stegosauria – die gepanzerten Pflanzenfresser
54 Oberer Jura – Nordamerika

58 Untere Kreide
60 Leben in der Unteren Kreide
62 Untere Kreide – Europa
64 Untere Kreide – Asien
66 Pterosauria – fliegende Reptilien
68 Untere Kreide – Nordamerika

70 Obere Kreide
72 Leben in der Oberen Kreide
74 Obere Kreide – Europa
76 Obere Kreide – Asien

80 Tyrannosauria – die furchterregenden Echsen
82 Obere Kreide – Nordamerika
88 Maiasaura – die „Gute-Mutter-Echse"
90 Obere Kreide – Nordamerika

94 Register

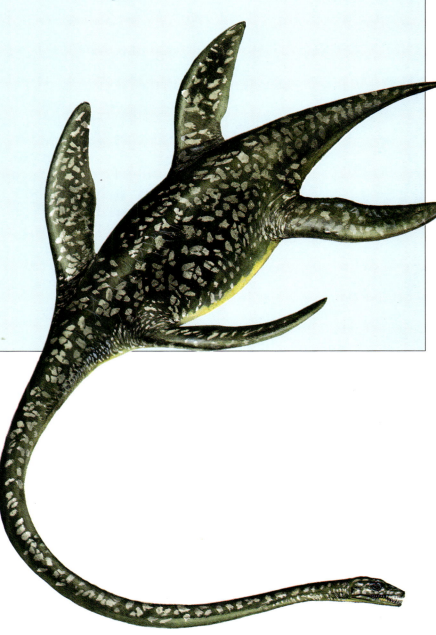

Elasmosaurus

Einleitung

Die Dinosaurier, die wir heute als Fossilien oder Modelle in Museen bewundern, waren früher einmal wirkliche Lebewesen. Sie atmeten, sie fraßen, sie liefen herum und kümmerten sich um ihren Nachwuchs. Dieses Buch soll die Dinosaurier und andere längst ausgestorbene Tierarten wieder zum Leben erwecken. Es beschreibt ihr vermutliches Aussehen und Verhalten.

Die Wissenschaftler beschäftigen sich seit rund 200 Jahren mit der Erforschung dieser Tiere. Sie benützen dafür vor allem die Reste, die erhalten blieben und die zufällig gefunden oder zielbewußt aufgespürt wurden, vor allem Fossilien und Versteinerungen.

Was konnte sich ereignen? Ein Säugetier stirbt an einem See, der Körper wird vom Wasser aufgenommen und sinkt auf den Grund, Fleisch und Muskeln lösen sich auf, das Skelett bleibt übrig. Salze aus dem Wasser dringen in die Knochenporen ein und verfestigen die Knochen.

Viele Dinosaurier lebten in der Nähe großer Süßwasserseen, ihre Böden können heute reichhaltige Fundstätten sein. Manche Überreste werden als Versteinerungen gefunden; auf diese Weise kennen wir sogar die Trittspuren einiger Dinosaurier. Es wurden schon vollständige Skelette ausgestorbener Tiere gefunden, doch ist so etwas selten. In der Regel kommen einzelne Knochen zum Vorschein: dann muß man erst einmal sehen, ob sie zusammenzusetzen sind und zu welchem Tier sie wohl gehören.

Wer ein bisher unbekanntes Tier wissenschaftlich beschreiben kann, darf ihm

Größenschlüssel

Silhouette bei Tieren,
die mehr als einen Meter lang sind

Silhouette bei Tieren,
die bis zu einem Meter lang sind

auch den Namen geben. Megalosaurus ist der erste Dinosaurier, der beschrieben und benannt wurde (1824). Doch wenn nur ein einziger Zahn gefunden wird, ist es schwer, einigermaßen vernünftige Vermutungen zu äußern. Wie Detektive müssen die Wissenschaftler dann Spuren sichern, Vermutungen begründen und Beweise vorlegen.

Das Ergebnis dieser Forschungen steht auf den folgenden Seiten. Hier werden vermutliches Aussehen und Verhalten beschrieben. Die Blütezeit der Dinosaurier umfaßt einen erdgeschichtlichen Zeitraum, der von der Trias über die Kreide bis zum Jura reicht und etwa 165 Millionen Jahre umschloß.

Am Anfang eines Kapitels zeigt ein Bild, wie die Welt damals ausgesehen haben mag. Auf der anschließenden Doppelseite stehen die nötigen Erklärungen dazu; eine Weltkarte verdeutlicht die Lage der Kontinente damals, die sich von ihrer heutigen Lage stark unterscheidet.

Danach werden die Dinosaurier und andere Reptilien, die damals lebten, vorgestellt. Neben der Zeichnung und Beschreibung stehen Angaben zu der Gruppenzugehörigkeit und der Größe der Dinosaurier. Die Größe kann man außerdem an den Silhouetten im Vergleich von Mensch und Tier abschätzen. Jede Doppelseite stellt einige Vertreter eines bestimmten Kontinents vor, z. B. aus Europa, Nordamerika oder Asien. In diesen Gebieten fand man ihre Fossilien, aber der damalige Lebensraum dieser Tiere kann sich viel weiter ausgestreckt haben. Da man in Nordamerika und Europa bisher die meisten Fossilien gefunden hat, werden von diesen Dinosauriern mehr vorgestellt als von ihren Vettern aus Afrika und Asien.

Das Zeitalter der Dinosaurier hat einige der größten und faszinierendsten Tiere hervorgebracht, die je die Erde bevölkert haben.

Tenontosaurus (Sehnenechse)

Das Dinosaurierzeitalter

Die Dinosaurier waren eine der erfolgreichsten Tiergruppen, die jemals die Erde bewohnt hat. Über 140 Millionen Jahre lang herrschten die Saurier uneingeschränkt, bis sie vor etwa 65 Millionen Jahren am Ende der Kreidezeit plötzlich ausstarben. Während die Dinosaurier das Land beherrschten, waren die Pterosauria (Flugsaurier) die Herren der Lüfte, und die Krokodile, die Ichthyosaurier und die Plesiosauria teilten sich die Flüsse und Meere.

Erfolgreiche Reptilien

Dinosaurier waren Reptilien. Sie hatten ein Reptilienskelett und trugen Schuppen. Es gab über 400 Arten von Dinosauriern. Darunter befanden sich riesige Kolosse, die sich mühsam auf allen vieren fortbewegten, aber auch kleine, flinke, vogelähnliche Arten.

Es gab fleischfressende und pflanzenfressende Dinosaurier, aber auch Aas- und Allesfresser, die herunterschlangen, was ihnen zwischen die Zähne kam.

Saurischia und Ornithischia (Echsenbecken- und Vogelbeckendinosaurier).

Die Dinosaurier werden in zwei große Gruppen eingeteilt, entsprechend dem Bau ihres Beckengürtels: in die Saurischia, die Echsenbeckendinosaurier, und die Ornithischia, die Vogelbeckendinosaurier. Zu beiden Gruppen gehören Arten, die sich entweder auf vier oder auf zwei Beinen vorwärtsbewegten.

Bei den Echsenbeckendinosauriern stehen die beiden unteren Beckenknochen in verschiedenen Richtungen, wie bei den Eidechsen. Bei den Vogelbeckendinosauriern sind die beiden unteren Beckenknochen lang, dünn und rückwärtsgerichtet, wie bei Vögeln von heute.

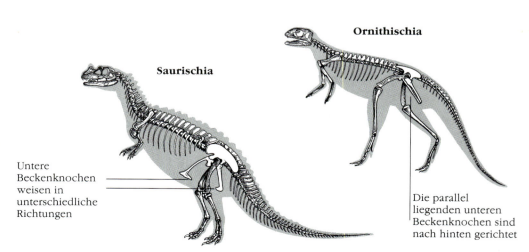

Saurischia — Untere Beckenknochen weisen in unterschiedliche Richtungen

Ornithischia — Die parallel liegenden unteren Beckenknochen sind nach hinten gerichtet

Spinosaurus war ein großer, fleischfressender Dinosaurier. Er lebte in der Oberen Kreide in Afrika.

Ausgestorbene Reptilien
Neben den Dinosauriern, den Herrschern der Trias, des Jura und der Kreide, gab es noch viele andere Reptiliengruppen. Hier sind einige der wichtigsten aufgeführt; wir werden sie nachfolgend noch näher kennenlernen.

Placodontia (Meeresreptilien)

Therapsida (Säugerähnliche Reptilien)

Ichthyosauria (Fischsaurier)

Pterosauria (Flugsaurier)

Crocodilia (Krokodile)

Nothosauria (Meeresreptilien)

Plesiosauria (Meeresreptilien)

Dinosaurier und ihre Verwandten

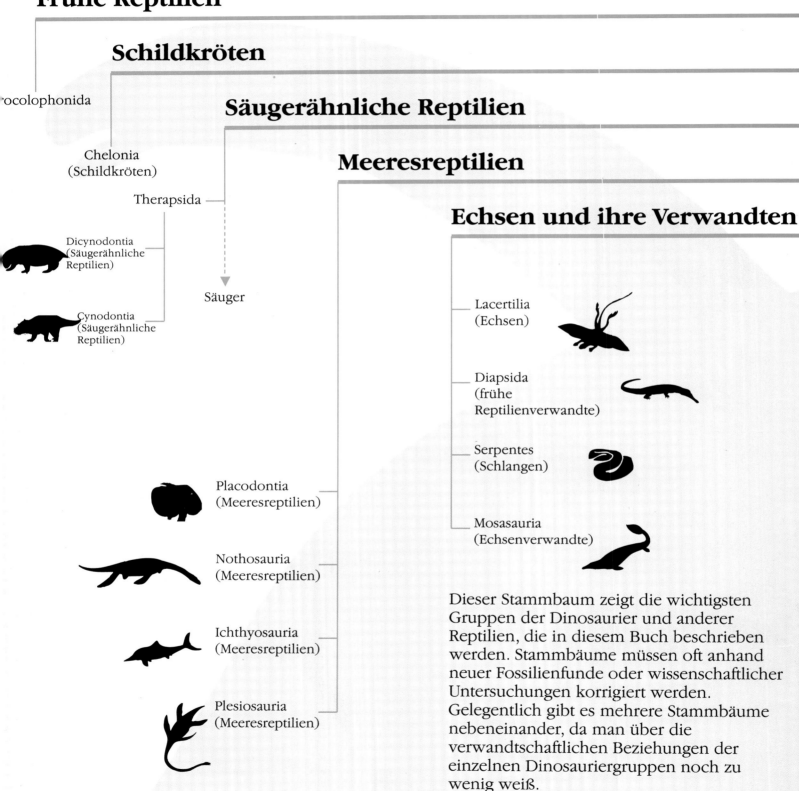

Dieser Stammbaum zeigt die wichtigsten Gruppen der Dinosaurier und anderer Reptilien, die in diesem Buch beschrieben werden. Stammbäume müssen oft anhand neuer Fossilienfunde oder wissenschaftlicher Untersuchungen korrigiert werden. Gelegentlich gibt es mehrere Stammbäume nebeneinander, da man über die verwandtschaftlichen Beziehungen der einzelnen Dinosauriergruppen noch zu wenig weiß.

Archosauria und ihre Verwandten

Saurischia (Echsenbeckendinosaurier)

Ornithischia (Vogelbeckendinosaurier)

- Phytosauria (wasserlebende, fleischfressende Reptilien)
- Crocodilia (Krokodile)
- Aetosauria (gepanzerte Reptilien)
- Pterosauria (Flugsaurier)
- Archosauria (frühe Reptilien)

- Prosauropoda (frühe pflanzenfressende Dinosaurier)
- Sauropoda (Echsenfüßer)
- Theropoda
  - Deinonychosauria (Schreckliche Klauen)
  - Carnosauria (große fleischfressende Dinosaurier)
  - Coelurosauria (kleine fleischfressende Dinosaurier)

- Stegosauria (Plattendinosaurier)
- Ankylosauria (Panzerdinosaurier)
- Ornithopoda („Vogelfüßler")
  - Hadrosauridae (Entenschnäbel)
  - Pachycephalosauridae (Knochenschädel)
- Ceratopsia (Horndinosaurier)

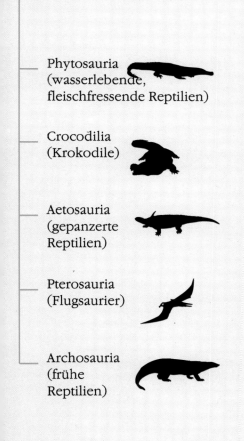
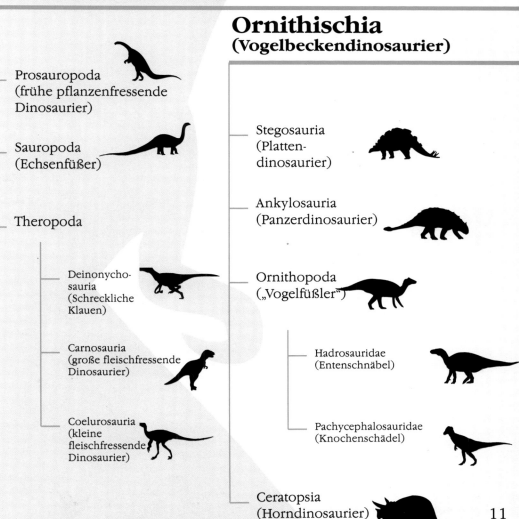

Trias

Desmatosuchus Henodus Nothosaurus Cynognathus Lystrosaurus

Leben in der Trias

Etwa in der Mitte der Trias, vor 200 Millionen Jahren, besiedelten die ersten Dinosaurier die Erde. Damals gab es nur eine einzige zusammenhängende Landmasse, den Superkontinent Pangaea. So konnten sich die Dinosaurier und andere Reptiliengruppen weltweit verbreiten.
Das Klima war sehr trocken. Im Landesinneren erstreckten sich weite Wüsten. Es gab auch noch keine Blütenpflanzen oder Gräser. Sie entstanden erst viel später. Dafür gab es aber viele Nadelbäume, die schon den heutigen recht ähnlich sahen, und Eiben, Ginkgos und Palmfarne. An den Ufern der Seen und Flüsse wuchsen Farne und Schachtelhalme.
Die ersten Dinosaurier teilten das Land mit zahlreichen anderen Reptiliengruppen wie Echsen und Krokodilen, aber auch noch mit Amphibien.
Es gab schon viele Insekten, darunter so bekannte wie Käfer, Heuschrecken und Schaben. In der Trias entwickelten sich auch Fliegen, Bienen und Wespen.

Ein austrocknender See in Nordamerika

Der langhälsige Massospondylus war einer der ersten großen pflanzenfressenden Dinosaurier.

Coelophysis war ein starker und schneller Jäger. Er lief auf zwei Beinen, so daß er seine Beute mit seinen klauenbewehrten Händen packen konnte. Wahrscheinlich jagte Coelophysis in Rudeln. Dadurch konnte er auch größere Beutetiere erlegen.

Während der Trias waren weite Teile Nordamerikas von Wüste überzogen. Pflanzen wuchsen vor allem am Ufer von Seen oder bei Tümpeln, die nach Regenfällen entstanden und dann verdunsteten. Das Bild zeigt Tiere und Pflanzen in der Umgebung eines allmählich austrocknenden Sees.

Massospondylus — Riojasaurus — Procompsognathus — Saltopus — Plateosaurus

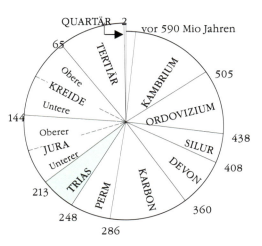

Die Nahrungsgrundlage der ersten Dinosaurier waren Farne und Baumfarne. Sie entwickelten sich schon vor 400 Millionen Jahren. Auch Cycadeen mit ihren auffallenden Zapfen waren in der Trias weit verbreitet.

Trilophosaurus war ein robust gebautes Reptil. Es hatte einen zahnlosen Schnabel und fraß Pflanzen.

Die Trias dauerte etwa 35 Millionen Jahre. Der Name dieser Zeitperiode leitet sich vom Lateinischen ab. Trias bedeutet „drei"; man kann in den europäischen Gesteinen der Trias deutlich drei verschiedene Gesteinspakete verschiedenen Alters unterscheiden: Buntsandstein, Muschelkalk, Keuper.

Zur Triaszeit war die Landmasse der Erde in einem einzigen Superkontinent vereint, der Pangaea genannt wird.

Metoposaurus war ein fast drei Meter langes Amphib. Auch er war ein Jäger.

Die Welt vor 240 Millionen Jahren

Meer / Schelf / Land

15

Europa, Afrika, Asien

Erythrosuchus

Erythrosuchus war einer der größten an Land lebenden Räuber der Unteren Trias. Er jagte andere Reptilien, die er mit seinem starken Kiefer und scharfen Zähnen gut greifen konnte. Er besaß einen breiten Kopf und kurze, aber kräftige Gliedmaßen.

Länge:
4,5 m
Gruppe:
Archosaurier

Placodus

Placodus war sowohl an den Stränden als auch im flachen Küstengewässer Europas daheim. Er war ein guter Schwimmer, worauf seine Schwimmhäute und sein langer, flacher Schwanz hindeuten. Er fraß Muscheln, die er mit den kräftigen Vorderzähnen von den Steinen losbrach und dann mit seinen flachen Backenzähnen zermalmte.

Chasmatosaurus

Länge:
2 m
Gruppe:
Archosaurier

Dieses Tier hatte wahrscheinlich eine ähnliche Lebensweise wie die heutigen Krokodile. Es konnte sich an Land fortbewegen, war aber auch ein guter Schwimmer, wie sein starker Schwanz verrät. Die meiste Zeit verbrachte es in Flüssen auf der Jagd nach Fischen. Seine Kiefer sind mit vielen rückwärtsgekrümmten Zähnen bestückt, mit denen es die schlüpfrige Beute gut festhalten konnte.

Untere Trias – Buntsandstein

Lystrosaurus

Man fand Fossilien dieses recht plumpen Pflanzenfressers in Afrika, Asien und in der Antarktis. Diese weltweite Verbreitung war eine der Stützen für die Theorie, daß während der Trias Indien und die andern südlichen Kontinente in einer einzigen Landmasse vereint waren (vgl. Karte auf Seite 15).

Länge: **2 m**
Gruppe: **Placodontia (Meeresreptilien)**

Länge: **1 m**
Gruppe: **Dicynodontia (säugerähnliche Reptilien)**

Cynognathus

Der stämmige Cynognathus war ein gefährlicher Jäger. Er lebte in Afrika. Er besaß einen großen Kopf, und seine Kiefer strotzten vor gefährlichen scharfen Zähnen.

Länge: **1 m**
Gruppe: **Cynodontia (säugerähnliche Reptilien)**

Europa

Pistosaurus

Mit Hilfe seiner paddelartig gestalteten Gliedmaßen konnte der Pistosaurus gut schwimmen. Dieses stromlinienförmig gebaute Reptil verbrachte die meiste Zeit im Meer.

Seine langen und engen Kiefer waren mit vielen kleinen, scharfen Zähnen bestückt, mit denen er gut Fische fangen konnte.

Ticinosuchus

Ticinosuchus lebte und jagte an Land. Er besaß einen langen, schlanken Körper. Sein Rücken und der Schwanz waren durch Knochenplatten geschützt. Er sah aus wie ein Krokodil auf langen Beinen.

Placochelys

Länge:
1 m
Gruppe:
Placodontia (Meeresreptilien)

Dieses recht kleine Reptil war optimal an das Leben im Wasser angepaßt: es hatte einen breiten, flachen Körper, der durch harte Platten geschützt war, und lange, paddelförmige Gliedmaßen. Der Körperbau erinnert an den von heutigen Meeresschildkröten. Placochelys ernährte sich von Muscheln, die er mit seinem scharfen Schnabel von den Riffen brach.

Mittlere Trias – Muschelkalk

Lariosaurus

Mit seinem langen, stromlinienförmigen Körper war Lariosaurus bestens an das Leben im Wasser angepaßt. Nur seine Schwimmhäute waren nicht so gut ausgebildet. Wahrscheinlich verbrachte er die meiste Zeit am Strand oder jagte in flachen Küstengewässern Fische und Garnelen.

Länge:
3 m
Gruppe:
Nothosauria (Meeresreptilien)

Länge:
3 m
Gruppe:
Archosauria

Länge:
60 cm
Gruppe:
Nothosauria (Meeresreptilien)

Askeptosaurus

Askeptosaurus lebte vorwiegend im Meer. An Land kam er vermutlich nur zur Eiablage. Er schwamm mit schlängelnden Bewegungen seines schlanken Körpers, wobei ihn auch seine Schwimmhäute unterstützten. Er hatte große Augen und konnte, so nimmt man an, auch in großer Tiefe noch seine Beute orten.

Länge:
2 m
Gruppe:
Diapsida (frühe Reptilienverwandte)

Nord- und Südamerika

Lagosuchus

Dieses kleine Reptil ist wahrscheinlich sowohl mit den mächtigen Dinosauriern als auch mit den Pterosauriern (Flugsauriern) verwandt. Man fand heraus, daß der Bau seines Beckens und seiner Beinknochen mit dem der Dinosaurier gut übereinstimmt. Lagosuchus war trotz seiner nur geringen Größe ein gewandter Jäger, der die Beute mit langfingrigen Händen griff.

Länge: **30 cm**
Gruppe: **Archosauria (ursprüngliche Reptilien)**

Gracilisuchus

Dieses ursprüngliche kleine Krokodil konnte recht schnell auf seinen Hinterbeinen laufen. Mit dem Schwanz hielt es sich dabei im Gleichgewicht. Es jagte vermutlich kleine Echsen.

Länge: **30 cm**
Gruppe: **Crocodilia (Krokodile)**

Massetognathus

Das Reptil Massetognathus sah einem Säugetier schon recht ähnlich. Vielleicht trug es sogar ein Fell. Massetognathus war ein Pflanzenfresser und konnte mit seinen starken Zähnen Blätter und Ästchen zerbeißen und zerkauen.

Größe: **48 cm**
Gruppe: **Cynodontia (säugerähnliche Reptilien)**

Mittlere Trias – Muschelkalk

Mixosaurus

Mixosaurus war ein geschmeidiges, fischähnliches Wesen. Es besaß eine Rückenflosse und paddelförmige Gliedmaßen. Wie viele andere Meeresreptilien durchpflügte es die Meere auf der Jagd nach Fischen.

Größe: **1 m**
Gruppe:
**Ichthyosauria
(Meeresreptilien)**

Cymbospondylus

Länge:
10 m
Gruppe:
**Ichthyosauria
(Meeresreptilien)**

Cymbospondylus fällt als Vertreter der Ichthyosauria, der Fischsaurier, etwas aus dem Rahmen. Er war sehr langgestreckt und besaß keine Rückenflosse. Er steuerte vermutlich mit seinen paddelförmig verbreiterten Gliedmaßen. Cymbospondylus verbrachte sein ganzes Leben im Wasser, wo er auch seine Jungen zur Welt brachte. Er ernährte sich hauptsächlich von Fischen, die er mit seinen langen, mit scharfen Zähnen besetzten Kiefern fing.

Säugerähnliche Reptilien
die Vorfahren der Säugetiere

Alle heute lebenden Säuger von der Maus bis zum Elefanten sind Nachfahren der eigentümlichen säugerähnlichen Reptilien, die die Welt in der Trias beherrschten. Der wissenschaftliche Name dieser Tiere heißt Therapsida.
Von den damaligen Reptilien unterschieden sich diese Tiere schon in einigen wesentlichen Merkmalen. Ihre Kiefer waren stärker als die der Reptilien, und sie besaßen unterschiedlich gestaltete Zähne, mit denen sie ihre Beute reißen, schneiden und zerkauen konnten, so wie die modernen Säuger.
Die zwei wichtigsten Gruppen der Therapsida waren die Dicynodontia mit Vertretern wie der dicken Kannemeyeria, und die Cynodontia, zu denen auch Thrinaxodon gehörte. Beide Gruppen starben in der Trias aus, aber aus ihren Nachfahren entwickelten sich im Laufe der Evolution die Säugetiere, die heute eine der wichtigsten Tiergruppen bilden.

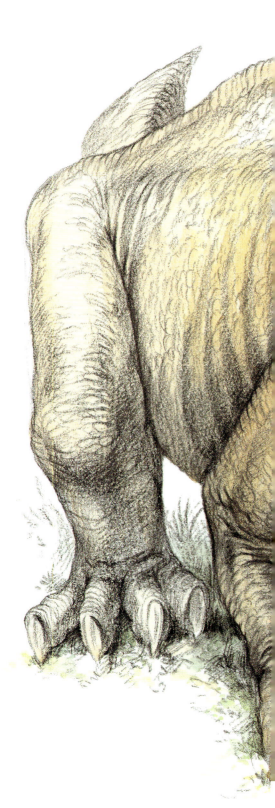

Kannemeyeria war ein bis zu drei Meter großes und recht plumpes Lebewesen. Es ernährte sich von Blättern und Wurzeln, die es korbweise mit seinem großen schnabelförmigen Maul abriß. Man fand fossile Reste dieses Tieres in Afrika, Asien und Südamerika.

Thrinaxodon war ein kleiner, aber starker und schneller Jäger, wobei ihm seine starken Beine zugutekamen. Außerdem besaß er säugerähnliche Kiefer und hatte vermutlich ein Fell. Er war um die 50 cm lang und lebte in Afrika.

Ericiolacerta, ein recht gelenkiges Tier mit vielen kleinen Zähnen, ernährte sich wahrscheinlich von Insekten, die es sich aus der Luft schnappte. Es wurde nur 20 cm lang und lebte vor etwa 200 Millionen Jahren in Afrika.

Europa

Stagonolepis

Mit seinem Körperbau und den kurzen Beinen erinnert Stagonolepis an ein Krokodil. Dieser Pflanzenfresser lebte aber an Land und fraß Pflanzen wie Schachtelhalme, Farne und Cycadeen. Er bewegte sich nur sehr langsam vorwärts. Vor Feinden war er durch starke knöcherne Platten in der Haut gut geschützt.

Länge:
3 m
Gruppe:
Archosauria
(ursprüngliche Reptilien)

Eudimorphodon

Die Flügel des Eudimorphodon bestanden, wie die aller fliegenden Reptilien auch, aus Haut. Sie spannte sich zwischen seinen Vorder- und Hinterbeinen und dem extrem verlängerten vierten Fingerglied jeder Hand. Eudimorphodon war vermutlich ein aktiver Flieger, der mit den Flügeln schlagen konnte. Er flog knapp über dem Meer und spähte mit seinen großen Augen nach Fischen oder Insekten. Beim Flug hielt er seinen langen Schwanz gerade ausgestreckt, um das Gleichgewicht zu halten.

Länge:
75 cm
Flügelspannweite

Gruppe:
Pterosauria
(Flugsaurier)

Obere Trias – Keuper

Kuehneosaurus

Mit der Hilfe ihrer großen Hautflügel konnte diese langbeinige Echse von Baum zu Baum gleiten. Die Hautflügel erstreckten sich beidseitig am Körper zwischen den Vorder- und Hinterbeinen des Tieres und wurden durch stark verlängerte Rippen gestützt.

Länge:
60 cm

Gruppe:
Lacertilia (Eidechsen)

Henodus

Henodus erinnert mit seinem breiten, flachen Körperbau an heutige Meeresschildkröten. Starke knöcherne Platten schützten seinen Rücken und Bauch vor Angriffen großer Meeresreptilien und anderer Jäger der Meere. Henodus hatte keine Zähne. Mit seinem scharfen Schnabel biß er Muscheln aus den Riffen ab und zermalmte sie.

Länge:
1 m

Gruppe:
Placodontia (Meeresreptilien)

Ornithosuchus

Länge:
4 m

Gruppe:
Archosauria (ursprüngliche Reptilien)

Früher ordnete man diese Art den ersten Dinosauriern zu. Jetzt rechnet man Ornithosuchus zu den Vorfahren der Dinosaurier. Er war ein gewandter Jäger und konnte sich wahrscheinlich sowohl auf allen vieren als auch auf zwei Beinen fortbewegen.

Europa

Plateosaurus

Plateosaurus gehört zu den ursprünglichen Dinosauriern und war einer der ersten großen Pflanzenfresser. Er konnte sich auf seinen Hinterbeinen aufrichten und dann hoch in den Baumgipfeln der Koniferen und Cycadeen äsen. Normalerweise bewegte sich das Tier auf allen vieren fort. Plateosaurus lebte in Herden, die die Wüstengebiete Europas auf der Suche nach Nahrungsquellen durchstreiften.

Länge:
bis zu 7 m
Gruppe:
Prosauropoda (ursprüngliche pflanzenfressende Dinosaurier)

Hyperodapedon

Der stämmige Hyperodapedon war, wie alle anderen Rhynchosauria, ein Pflanzenfresser. Seine starken Zähne waren dazu geeignet, Pflanzen in Stücke zu hacken. Er fraß meist Samenfarne und starb wie diese am Ende der Trias aus.

Länge:
1,2 m
Gruppe:
Rhynchosauria (ursprüngliche Reptilien)

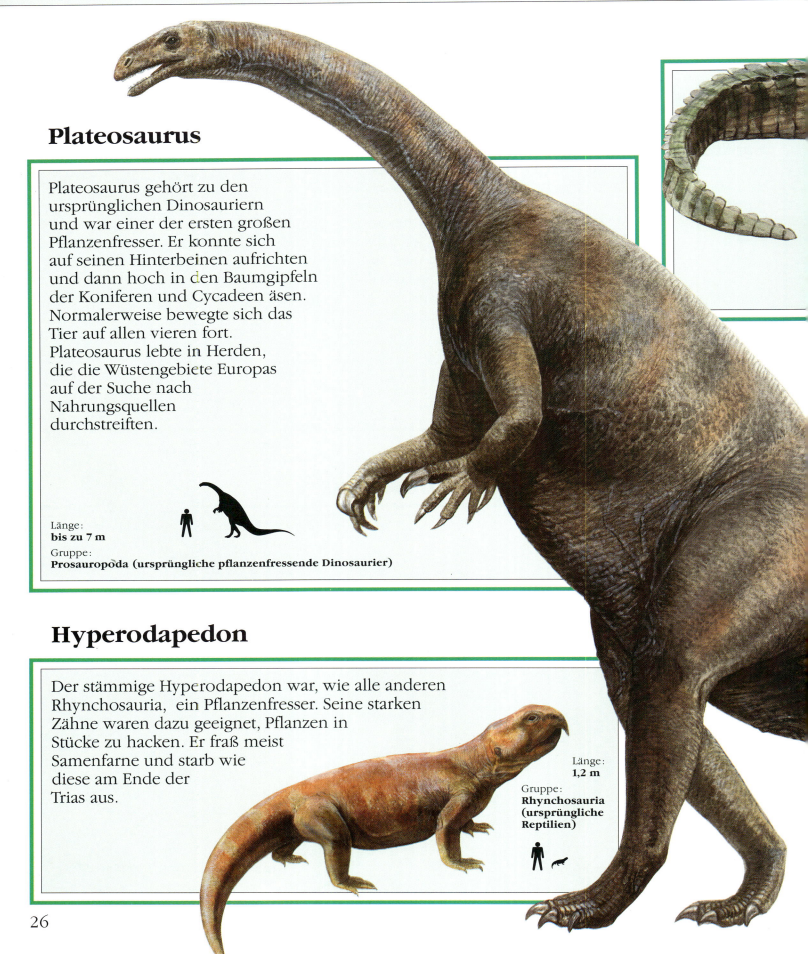

Obere Trias – Keuper

Rutiodon

Länge: **3 m**
Gruppe: **Phytosauria (Süßwasserfleischfresser)**

Mit seiner langen Schnauze und seinen Knochenplatten sah Rutiodon wie ein Krokodil von heute aus – und wahrscheinlich lebte er auch so. Seine Lebensräume waren Flüsse. Er jagte Fische und vermutlich auch andere Reptilien.

Procompsognathus

Länge: **1,2 m**
Gruppe: **Coelurosauria (kleine fleischfressende Dinosaurier)**

Procompsognathus war ein kleiner, flinker Jäger. In Rudeln stöberte er Eidechsen und Insekten auf. Er rannte auf seinen zwei langen Hinterbeinen und benutzte den Schwanz zum Gleichgewichthalten. Die Beute fing er mit den Händen und schob sie sich dann ins Maul.

Terrestrisuchus

Die ursprünglichen Krokodile, zu denen auch Terrestrisuchus gehört, verbrachten mehr Zeit an Land als ihre heutigen Verwandten. Dieses kleine, langbeinige Tier jagte wahrscheinlich in den trockenen Gebieten der Trias Insekten und Eidechsen.

Länge: **50 cm**
Gruppe: **Crocodilia (Krokodile)**

Nordamerika

Coelophysis

Der Körperbau von Coelophysis verrät Schnelligkeit. Er war leicht und schlank und konnte schnell auf den Hinterbeinen laufen. Wahrscheinlich jagte auch er in Rudeln und durchstreifte die damaligen Wälder auf der Suche nach kleinen, spitzmausartigen Säugern, die gerade in dieser Zeit auftauchten.

Länge:
3 m

Gruppe:
**Coelurosauria
(kleine fleischfressende Dinosaurier)**

Shonisaurus

Dieser Riese bewohnte die triassischen Meere. Sein fischähnlicher Schwanz gab ihm mächtigen Antrieb beim Schwimmen. Zudem hatte er vier lange, schmale Paddelextremitäten. Seine langen Kiefer trugen nur im vorderen Bereich Zähne. Wie die übrigen Ichthyosaurier, verbrachte auch Shonisaurus sein ganzes Leben im Meer, wo er Fische jagte.

Länge:
15 m

Gruppe:
**Ichthyosauria
(Meeresreptilien)**

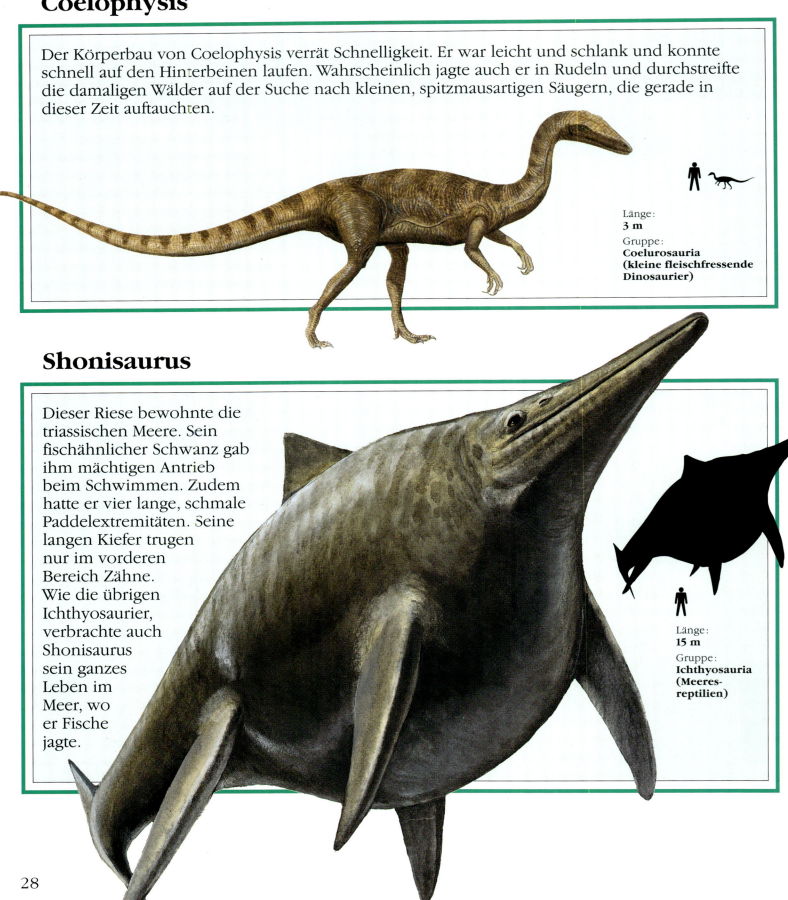

Obere Trias – Keuper

Desmatosuchus

Schwere und starke Knochenplatten schützten dieses Reptil vor Freßfeinden. Mit Hilfe der bis zu 45 cm langen Stacheln, die es im Schulterbereich trug, konnte sich das Tier auch aktiv verteidigen. Desmatosuchus ernährte sich von Farnen und Cycadeen.

Länge
5 m
Gruppe:
**Aetosauria
(gepanzerte Reptilien)**

Hypsognathus

Dieses ursprüngliche Reptil war vermutlich ein Pflanzenfresser. Seine Zähne waren breit und gut geeignet, auch zähe Pflanzenteile zu zermalmen. Sein Körper war etwas abgeflacht, so daß sich das Tier nur langsam fortbewegte. Die scharfen Auswüchse am Kopf haben dem Hypsognathus vielleicht als Schutz vor Feinden gedient.

Länge:
33 cm
Gruppe:
**Captorhinida
(ursprüngliche
Reptilien)**

Massospondylus

Der langhalsige Massospondylus konnte hoch in den Bäumen auf Nahrungssuche gehen. Seine Vorderhände hatten lange Finger, mit denen er sich die Nahrung griff. Jeder Daumen war mit einer großen gekrümmten Klaue bewehrt. Man fand in den Magenhöhlen einiger Tiere glattpolierte Steine. Wahrscheinlich halfen sie dem Tier bei der Nahrungs-aufschließung, wie die Magensteine der Vögel oder Krokodile.

Länge:
4 m
Gruppe:
**Prosauropoda
(ursprüngliche
pflanzen-
fressende
Dinosaurier)**

    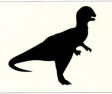

Plesiosaurus	Protosuchus	Teleosaurus	Dimorphodon	Dilophosaurus

Leben im Unteren Jura

Schon im Unteren Jura verschwanden die trockenen Wüstenlandstriche, die für die Trias so charakteristisch waren. Fast überall herrschte ein warmes und feuchtes Klima. Die Ozeane waren voller unterschiedlichster Geschöpfe. Am Meeresboden wuchsen zarte Seelilien, die Crinoiden. Das waren keine Pflanzen, sondern vielarmige Verwandte der Seesterne. Ammoniten und Belemniten durchpflügten mit Rückstoßantrieb die warmen Meere. Diese Vorfahren heutiger Tintenfische trugen aufgerollte oder langgestreckte, gekammerte Schalen.
Diese und andere Wirbellose (Tiere ohne Wirbelsäule) wie die Mollusken, Muscheln, Würmer und Krebse wurden von verschiedenen Jägern bedroht. Es gab viele Fischarten, von denen einige durch ein starkes und zähes Schuppenkleid geschützt waren.
Aber die gefährlichsten und mächtigsten Jäger im Jurameer waren die großen Meerereptilien wie die Ichthyosauria und die Plesiosauria.

Im Meer

Lepidotes konnte sein Maul zu einer Röhre formen und so Beute aus größerer Entfernung einsaugen.

Ichthyosaurus hatte einen stromlinienförmigen Körper und konnte wie ein Torpedo durchs Meer schießen.

Die Ammoniten besaßen einen tintenfischähnlichen Körper in einer aufgerollten Schale. Sie starben am Ende der Kreide aus.

Eurhinosaurus war ein auffallender Ichthyosaurier, weil sein Oberkiefer weit über den Unterkiefer reichte.

Dapedium hatte kurze Kiefer und breite Zähne, mit denen er Muscheln zermalmte.

Anchisaurus　　　Scelidosaurus　　　Heterodontosaurus　　　Scutellosaurus　　　Lesothosaurus

Ein Schlangenstern, wie man ihn auch heute noch in den Meeren antrifft.

Temnodontosaurus mit seinen langen, mit scharfen Zähnen bestückten Kiefern war ein gefürchteter Räuber. Hier hat er gerade einen Plesiosaurier gefangen.

Pholidophorus war ein flinker Fisch. Wahrscheinlich ernährte er sich von kleinen, garnelenartigen Tieren.

Crinoiden oder Seelilien waren keine Pflanzen, sondern am Meeresgrund verankerte Tiere.

Belemniten sind heutzutage ausgestorben. Sie sahen aber wie moderne Tintenfische aus.

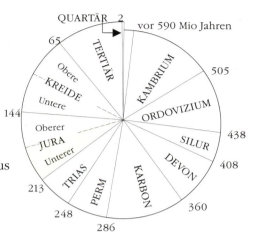

Das Zeitalter des Jura begann vor etwa 213 Millionen Jahren. Es ist nach den Kalksteinschichten benannt, die sich zu jener Zeit in den Meeren abgelagert haben und später in Europa zum Juragebirge aufgefaltet wurden.

Auf der Karte sieht man, wie die Landmassen im Unteren Jura verteilt waren. Sie lagen immer noch sehr eng beieinander.

Die Welt vor 210 Millionen Jahren

☐ Meer
☐ Schelf
☐ Land

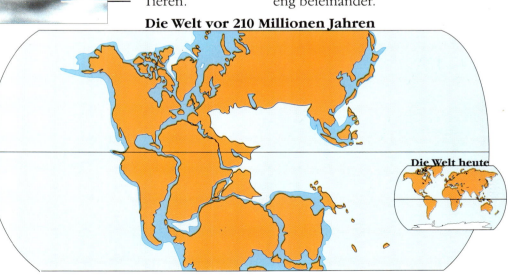

33

Europa

Teleosaurus

Länge:
3 m
Gruppe:
**Crocodilia
(Krokodile)**

Im Gegensatz zu den meisten ursprünglichen Krokodilen, die Landbewohner waren, verbrachte Teleosaurus sein Leben im Meer. Er schwamm durch schlängelnde Bewegung seines langen Rumpfes und Schwanzes. Seine extrem langen, schmalen Kiefer, die mit Hunderten kleiner scharfer Zähne bestückt waren, eigneten sich gut zum Fisch- und Tintenfischfang.

Dimorphodon

Dimorphodon benutzte, wie andere Pterosauria auch, Hautflügel, die zwischen dem Körper und dem verlängerten vierten Fingerglied jeder Hand gespannt waren. Sein Kopf hatte eine sonderbare Form. Er war im Verhältnis zum Rumpf sehr groß und erinnert an die Köpfe der Papageientaucher. Vielleicht spielte die Kopfform eine besondere Rolle bei der Balz oder der Verteidigung der Reviere, aber dies sind nur Vermutungen.

Länge:
**1,2 m
Flügelspannweite**
Gruppe:
**Pterosauria
(Flugsaurier)**

Oligokyphus

Der Oligokyphus erinnert mit seinem schlanken Körper und langen Schwanz an ein heutiges Wiesel. Vielleicht besaß er auch ein Fell, was ihn noch säugerähnlicher erscheinen ließe. Dieser kleine Pflanzenfresser hatte Vorderzähne, die ausgezeichnet zum Nagen geeignet waren.

Länge:
50 cm
Gruppe:
**Cynodontia
(säugerähnliche Reptilien)**

Unterer Jura

Plesiosaurus

Plesiosaurus war zwar kein schneller, dafür aber ein sehr geschickter und wendiger Schwimmer. Er hatte paddelförmige Extremitäten und einen langen Hals. Wahrscheinlich streckte er diesen auch ab und zu über die Wasseroberfläche, um nach Beute zu spähen.

Länge:
2,5 m
Gruppe:
Plesiosauria (Meeresreptilien)

Temnodontosaurus

Dieser Riese durchpflügte warme, seichte Meeresgewässer auf der Jagd nach großen Tintenfischen und anderer Beute. Den Antrieb bekam er durch den großen Schwanz, während er mit den Flossen seine Bewegungen kontrollierte.

Länge:
9 m
Gruppe:
Ichthyosauria (Fischsaurier)

Afrika und Asien

Barapasaurus

Dieser indische Dinosaurier hatte einen großen, massigen Körper und Beine wie Säulen. Der Name bedeutet „Großbeinechse". Barapasaurus war ein friedlicher Pflanzenfresser, worauf der Bau seiner Zähne hinweist.

Er gehört zu den ältesten langhalsigen Dinosauriern und ist zugleich der einzige Sauropode, den man in Indien bisher gefunden hat.

Lesothosaurus

Dieser kleine eidechsenartige Dinosaurier lief auf seinen langen Hinterbeinen. Er sprintete über die heißen und trockenen Gebiete seiner südafrikanischen Heimat. Lesothosaurus war ein Pflanzenfresser. Seine Nahrung kaute er mit scharfen Zähnchen, die die Form einer Pfeilspitze hatten.

Länge: **1 m**
Gruppe: **Ornithopoda (Vogelfüßer)**

Thecodontosaurus

Funde in Europa und Afrika zeigen Thecodontosaurus als ein schlankes Tier mit kleinem Kopf und langem Hals. Er lief vermutlich auf allen vieren. Um an höher wachsende Blätter heranzureichen, konnte er sich aber auf den Hinterbeinen aufrichten.

Länge: **2 m**
Gruppe: **Prosauropoda (frühe pflanzenfressende Dinosaurier)**

Unterer Jura

Anchisaurus

Anchisaurus lebte in Afrika und Nordamerika. Er war leicht gebaut und konnte, wenn er sich auf den Hinterbeinen aufrichtete, mit seinem langen Hals mühelos in Baumkronen äsen. Am ersten Finger jeder Hand besaß er eine scharfe Kralle, die er vermutlich entweder zur Zerkleinerung der Nahrung oder beim Kampf mit anderen Dinosauriern einsetzte.

Länge:
15 m
Gruppe:
Sauropoda (langhalsige Pflanzenfresser)

Länge:
2 m
Gruppe:
Prosauropoda (frühe pflanzenfressende Dinosaurier)

Heterodontosaurus

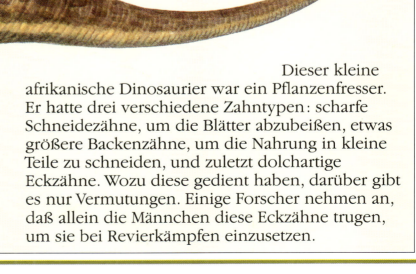

Länge:
1 m
Gruppe:
Ornithopoda (Vogelfüßer)

Dieser kleine afrikanische Dinosaurier war ein Pflanzenfresser. Er hatte drei verschiedene Zahntypen: scharfe Schneidezähne, um die Blätter abzubeißen, etwas größere Backenzähne, um die Nahrung in kleine Teile zu schneiden, und zuletzt dolchartige Eckzähne. Wozu diese gedient haben, darüber gibt es nur Vermutungen. Einige Forscher nehmen an, daß allein die Männchen diese Eckzähne trugen, um sie bei Revierkämpfen einzusetzen.

Ichthyosauria – Meeresreptilien

Von allen Meeresreptilien waren die Ichthyosauria, die Fischsaurier, am besten an das Leben im Meer angepaßt. Sie legten auch keine Eier, sondern brachten lebende Junge zur Welt. Dies kann man aus Funden von Ichthyosauriern schließen, in deren Bauch man die kleinen Skelette ihrer Nachkommen fand.

Die Lebensweise der Ichthyosauria entsprach der von heutigen Delphinen. Sie waren gute Schwimmer und jagten Fische und Tintenfische. Mit ihrem fischähnlichen Schwanz, den sie wie Haie oder Thunfische kräftig hin- und herbewegten, schossen sie durch die Meere. Mit 15 Metern Länge war Shonisaurus ein Riese unter den Ichthyosauria. Die meisten Fischsaurier waren jedoch kleiner. Ichthyosaurus, der der ganzen Gruppe den Namen gab, wurde nur 2 Meter lang.

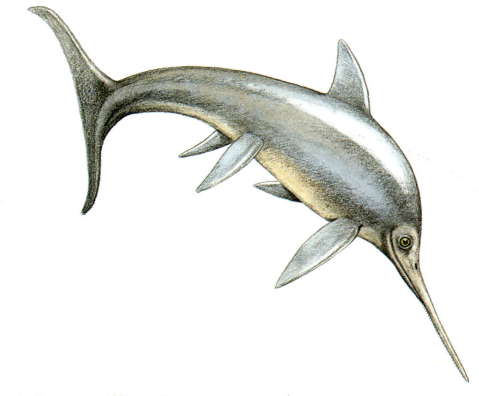

Eurhinosaurus hatte einen extrem verlängerten Oberkiefer, an dem viele Zähne seitwärts abstanden. Man rätselt bis heute, wozu diese sonderbare Konstruktion gut sein sollte. Vielleicht stocherte das Tier damit im Schlick oder Sand am Meeresboden, um Garnelen und Tintenfische aufzustöbern. Vielleicht schwang er auch den Kiefer beim Durchqueren eines Fischschwarms hin und her und tötete oder verwundete dadurch seine Beute.

Ichthyosaurus, ein schneller und gewandter Schwimmer, durchpflügte die Wellen auf der Suche nach Beute. Er war vorzüglich an das Leben im Wasser angepaßt. Da er aber ein Reptil war, mußte er zum Atmen an die Oberfläche tauchen. Die Nasenöffnungen lagen weit hinten, nahe den Augen, so daß das Tier nur den Kopf an die Wasseroberfläche heben mußte, um Luft zu holen.

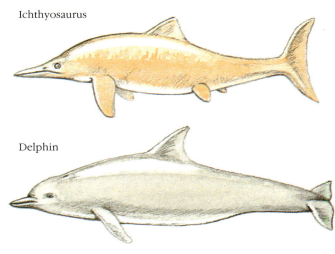

Ichthyosaurus

Delphin

Ichthyosaurus konnte mit seinem stromlinienförmigen Körper und seinem starken Schwanz sowie Rückenflossen mit einer Geschwindigkeit bis zu 40 Stundenkilometern schwimmen. Heutige Delphine haben ein ähnliches Aussehen.

39

Nordamerika

Dilophosaurus

Dilophosaurus trug auf seinem Kopf zwei halbmondartige Kämme. Er war zwar groß und stark, aber seine Zähne waren recht zerbrechlich, so daß er seine Beute wahrscheinlich nicht durch Bisse tötete. Er riß sie vielmehr mit seinen scharfen Krallen auf oder fraß die Überreste dessen, was stärkere Jäger als er übrigließen.

Länge:
6 m
Gruppe:
Coelurosauria (fleischfressende Dinosaurier)

Scelidosaurus – Gliederechse

Der zur Gruppe der Ankylosauria gehörende Scelidosaurus war durch eine schwere Panzerung vor Feinden sicher. Sein Rücken trug Knochenplatten, die ihrerseits vom Hals bis zum Schwanz mit Stacheln besetzt waren. Seine Beine waren kurz und stämmig. Wahrscheinlich lief er auf allen vieren. Scelidosaurus war ein Pflanzenfresser.

Länge:
4 m
Gruppe:
Ankylosauria (Gepanzerte Dinosaurier)

Unterer Jura

Stenopterygius

Mit seinem stromlinienförmigen Körper, seinem kräftigen Schwanz und den langen Paddelextremitäten war Stenopterygius ein schneller und beweglicher Schwimmer. Er ernährte sich hauptsächlich von Fischen und Tintenfischen, die er mit Hilfe seiner gut ausgebildeten Augen und empfindlichen Ohren ortete. Die Jungen kamen im Wasser lebend zur Welt.

Länge: **bis zu 2 m**
Gruppe: **Ichthyosauria (Fischsaurier)**

Protosuchus

Die Reste dieses frühen Vertreters der Krokodile fand man in denselben Schichten wie die vieler landlebender Dinosaurier. Daraus konnte man schließen, daß Protosuchus ein Landtier war. Auf seinen langen und schlanken Beinen konnte er sehr schnell rennen und auf Echsenjagd gehen. Wie die heutigen Krokodile hatte auch schon Protosuchus ein Zahnpaar im Unterkiefer, das in Zahnhöhlen des Oberkiefers paßte.

Länge: **1 m**
Gruppe: **Crocodilia (Krokodile)**

Scutellosaurus – Kleinschildechse

Scutellosaurus war durch mehrere Reihen knöcherner Höcker auf dem Rücken vor Feinden relativ sicher. Er hatte einen langen Schwanz, den er beim Rennen hochhielt, um damit das Gleichgewicht besser zu halten.

Länge: **1,2 m**
Gruppe: **Ornithopoda (Vogelfüßer)**

Oberer Jura

Ophthalmosaurus Pterodactylus Liopleurodon Elaphrosaurus Dicraeosaurus

Leben im Oberen Jura

Das Klima während des Oberen Jura war wärmer als heute, und es regnete viel. Es gab daher artenreiche und üppig wuchernde Wälder, wie die heutigen Tropischen Regenwälder.
In diesen Wäldern wuchsen palmenartige Cycadeen, Ginkgos (eine Art gibt es heute noch, sie ist ein lebendes Fossil) und viele verschiedene Nadelbäume, die mit heutigen Fichten und Kiefern verwandt sind. Den Boden bedeckten Farne und große Schachtelhalme.
In diesem milden Klima mit mannigfaltigem Nahrungsangebot konnte sich eine artenreiche Tierwelt entfalten. An Land herrschten immer noch die Dinosaurier. Riesige langhälsige Pflanzenfresser wie Diplodocus durchstreiften die Wälder. Compsognathus und andere flinke Fleischfresser machten Jagd auf die kleineren Pflanzenfresser.
Es gab damals schon einige wenige spitzmausartige Säugetiere. Sie versteckten sich vermutlich tagsüber in Bauten und gingen erst bei einbrechender Dämmerung auf Nahrungssuche.

Ein europäischer Mammutbaumwald

Scaphognathus, ein Flugsaurier, jagte in den Jurawäldern vorwiegend Insekten. Seine langen Kiefer und die scharfen Zähnchen leisteten ihm dabei gute Dienste.

Der langhalsige Cetiosauriscus konnte sich hoch aufrichten und auch Blätter von Baumkronen abfressen

Archaeopterix jagte im Gleitflug Insekten oder stürzte sich von oben auf kleine Bodenbewohner

Die palmenartigen Cycadeen erreichten im Jura ihre größte Vielfalt. Heute leben nur noch einige Cycas-Arten.

Die Farne gehörten damals zu dem häufigsten Bodenbewuchs.

| Tuojiangosaurus | Yangchuanosaurus | Brachiosaurus | Othnielia | Camptosaurus |

Beim Äsen lief Camptosaurus auf allen vieren. Griff ihn aber ein Räuber an, so konnte er schnell zweibeinig davonlaufen.

Megalosaurus war ein gefürchteter Jäger der Jurazeit. Seine Beute waren pflanzenfressende Dinosaurier.

☐ Meer
☐ Schelf
☐ Land

Riesige Mammutbäume, ähnlich denen, die auch heute noch in Nordamerika wachsen, bildeten im Jura dichte Sumpfwälder.

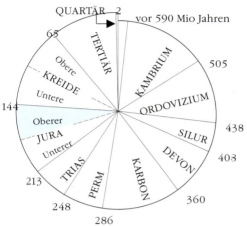

Archaeopterix, der älteste bisher bekannte Vogel, konnte mit Hilfe seiner Krallen an den Flügeln auf Bäume klettern. Er konnte auf jeden Fall gut gleiten, aber vielleicht war er auch fähig, richtig mit den Flügeln zu schlagen.

Das Jurazeitalter endete vor etwa 144 Millionen Jahren.

Die Karte zeigt die Verteilung der Landmassen im Oberen Jura. Zu dieser Zeit begannen sich die nördlichen und südlichen Kontinente abzutrennen. Das heutige Nordamerika war damals von Südamerika durch ein Meer getrennt.

Die Welt vor 170 Millionen Jahren

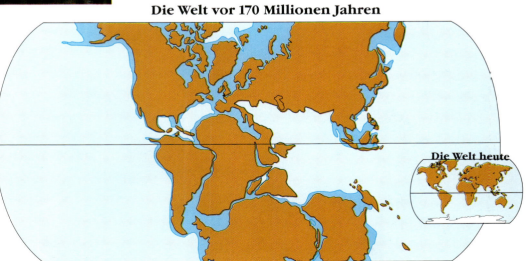

45

Europa

Camptosaurus – Gebogene Echse

Camptosaurus war ein kleiner Verwandter des mächtigen Iguanodon. Er war ein stämmiges, recht plumpes Tier und bewegte sich normalerweise auf allen vieren voran. Camptosaurus fraß niederwüchsige Pflanzen, konnte sich aber auch aufrichten, um an Blätter im Geäst heranzukommen oder um vor Feinden auf zwei Beinen die Flucht zu ergreifen.

Länge:
6 m
Gruppe:
Ornithopoda (Vogelfüßer)

Scaphognathus

Länge:
1 m Flügelspannweite
Gruppe:
Pterosauria (Flugsaurier)

Scaphognathus konnte seine Hautflügel wie heutige Vögel schlagen. Wahrscheinlich konnte er schlecht riechen, dafür aber um so besser sehen. Seine Beute erspähte er im Fliegen.

Ophthalmosaurus

Die riesigen Augen dieses Fischsauriers lassen darauf schließen, daß er in der Nacht jagte. Jedes Auge hatte 10 Zentimeter (!) Durchmesser und war von einem knöchernen Ring umschlossen, damit es durch den Wasserdruck nicht einfallen konnte.

Länge:
3,5 m
Gruppe:
Ichthyosauria (Fischsaurier)

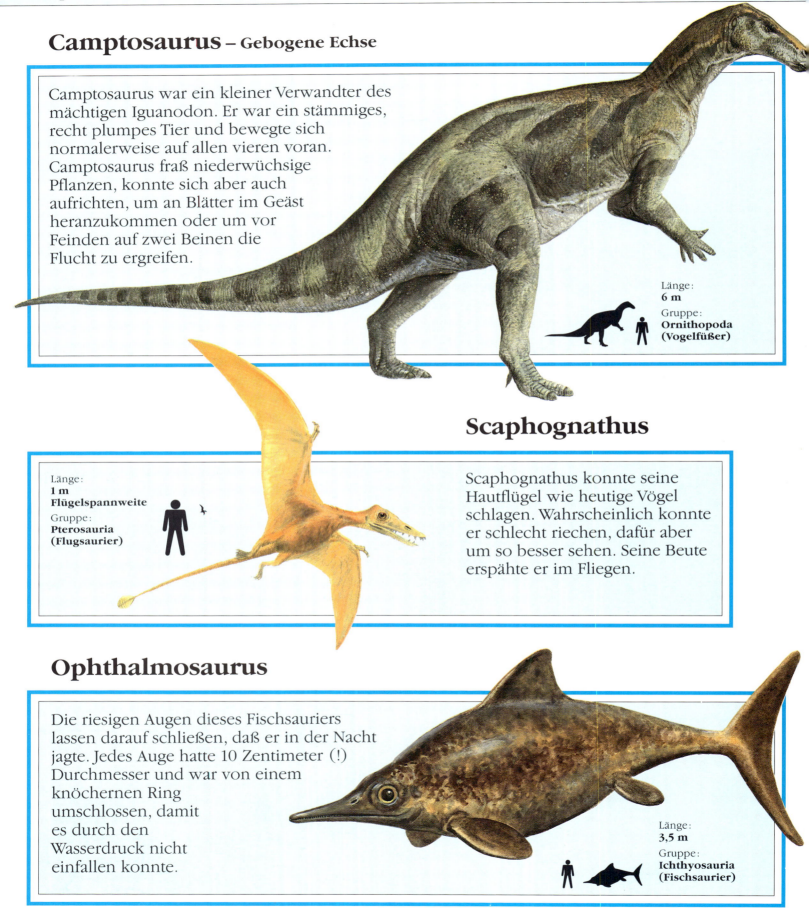

Oberer Jura

Liopleurodon

Dieser große Räuber machte Jagd auf Haie, Kraken und Ichthyosaurier. Er hatte einen langen Kopf und konnte die Beute problemlos mit seinen mächtigen Kiefern und Zähnen überwältigen. Er war ein guter Schwimmer und in der Tiefsee genauso zu Hause wie im Flachmeer.

Länge: **12 m**
Gruppe: **Plesiosauria (Meeresreptilien)**

Metriorhynchus

Metriorhynchus war ein Meereskrokodil. Seine Beine waren zu Paddeln umgestaltet und trugen Schwimmhäute. An seinem Schwanz hatte er eine Flosse, mit deren Hilfe er besser schwimmen konnte. Dafür fehlte ihm die schwere Knochenpanzerung der landlebenden Krokodile, denn dann wäre er zu schwer gewesen. Er jagte Fische und Tintenfische.

Länge: **3 m**
Gruppe: **Crocodilia (Krokodile)**

Afrika

Pterodactylus

Es gab viele verschiedene Arten von Pterodactylen. Die Flügelspannweiten reichten von 60 cm bis zu 12 Metern. Allen gemeinsam ist aber ein kurzer Schwanz und ein langer Hals. Pterodactylus hatte einen langen schmalen Kiefer mit vielen scharfen Zähnen – eine ausgezeichnete Fangausrüstung für die Jagd auf Fische und Insekten.

Länge:
bis zu 75 cm Flügelspannweite
Gruppe:
Pterosauria (Flugsaurier)

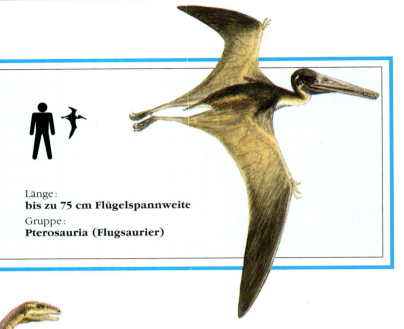

Elaphrosaurus

Länge:
3,5 m
Gruppe:
Ornithomimidae (Straußdinosaurier)

Wahrscheinlich gehörte Elaphrosaurus einer Dinosauriergruppe an, die man Strauß-dinosaurier nennt. Er sah auch fast wie ein heutiger Strauß aus. Das einzige Skelett, das man bisher von ihm fand, stammt von der berühmten Fundstelle Tendaguru in Tansania. Dort grub man in den Jahren 1908 bis 1912 über 250 Tonnen Dinosaurierknochen aus.

Kentrosaurus – Spitze Echse

Dieser Stegosaurier trug bis zur Rückenmitte eine Doppelreihe dichtstehender Knochenplatten, die zum Schwanz hin von scharfen Dornen fortgesetzt wurde. Zusätzliche Seitenstacheln im Beckenbereich schützten das Tier vor räuberischen Angriffen von der Flanke.

Länge:
5 m
Gruppe:
Stegosauria (Platten-dinosaurier)

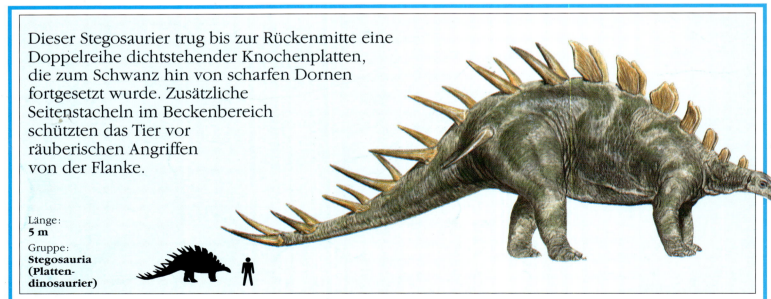

Oberer Jura

Megalosaurus

Der erste Dinosaurier, der wissenschaftlich beschrieben und benannt wurde, war Megalosaurus. Er war ein riesiger gefährlicher Jäger. Seine Kiefer strotzten von Zähnen wie messerscharfe gekrümmte Dolche, die sägeblattartig gerieft waren. Auch seine Hände und Beine trugen scharfe Krallen. Mit diesen Waffen ausgestattet, konnte es sich Megalosaurus erlauben, die großen Pflanzenfresser jener Zeit anzugreifen und zu erlegen.

Länge:
9 m
Höhe:
3 m
Gruppe:
Carnosauria (fleischfressende Dinosaurier)

Dicraeosaurus

Dicraeosaurus gehörte zur selben Familie wie der bekannte Riese Diplodocus. Er war aber kleiner und hatte einen kürzeren Hals. Er durchstreifte die tropischen afrikanischen Ebenen und ernährte sich von Pflanzen.

Länge:
12,5 m
Gruppe:
Sauropoda (Echsenfüßer)

Asien

Yangchuanosaurus

Mit seinen riesigen Kiefern und dolchartigen Zähnen war Yangchuanosaurus gut für die Jagd ausgerüstet. Seine Zehen und Finger trugen scharfe Krallen, mit denen er seine Beute festhalten konnte. Er ging auf zwei starken, säulenartigen Beinen. Den langen Schwanz hielt er dabei ausgestreckt, um das Gleichgewicht besser halten zu können.

Länge:
bis zu 10 m
Gruppe:
Carnosauria (große fleischfressende Dinosaurier)

Euhelopus

Dieser pflanzenfressende Dinosaurier wurde in China gefunden. Er hatte einen langen Hals, mit dem er Nadelbäume abweiden konnte. Seine langen löffelförmigen Zähne konnten die recht zähen Nadelblätter gut verarbeiten.

Tuojiangosaurus

Dieses Tier war ein Pflanzenfresser. Aus seinen Zähnen, die klein und schwach waren, schloß man, daß er wahrscheinlich nur die jungen zarten Pflanzentriebe abweiden konnte. Beim Angriff verteidigte sich das Tier, indem es mit seinem dornenbewehrten Schwanz nach dem Angreifer schlug. Wie alle Stegosauria trug auch Tuojiangosaurus auf seinem Rücken Knochenplatten. In der Hüftgegend waren sie aber spitzer ausgebildet als die des Stegosaurus.

Länge: Gruppe:
7 m **Stegosauria (Plattendinosaurier)**

50

Oberer Jura

Sordes

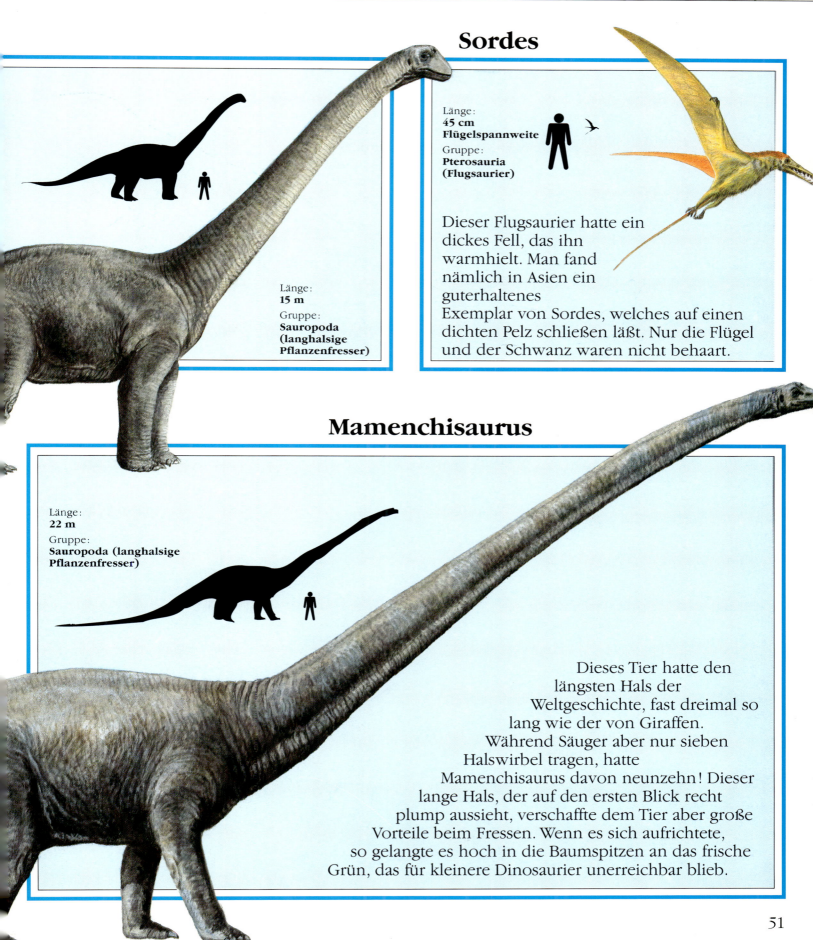

Länge:
45 cm Flügelspannweite
Gruppe:
Pterosauria (Flugsaurier)

Dieser Flugsaurier hatte ein dickes Fell, das ihn warmhielt. Man fand nämlich in Asien ein guterhaltenes Exemplar von Sordes, welches auf einen dichten Pelz schließen läßt. Nur die Flügel und der Schwanz waren nicht behaart.

Länge:
15 m
Gruppe:
Sauropoda (langhalsige Pflanzenfresser)

Mamenchisaurus

Länge:
22 m
Gruppe:
Sauropoda (langhalsige Pflanzenfresser)

Dieses Tier hatte den längsten Hals der Weltgeschichte, fast dreimal so lang wie der von Giraffen. Während Säuger aber nur sieben Halswirbel tragen, hatte Mamenchisaurus davon neunzehn! Dieser lange Hals, der auf den ersten Blick recht plump aussieht, verschaffte dem Tier aber große Vorteile beim Fressen. Wenn es sich aufrichtete, so gelangte es hoch in die Baumspitzen an das frische Grün, das für kleinere Dinosaurier unerreichbar blieb.

Stegosauria
die gepanzerten Pflanzenfresser

Die Gruppe der Stegosauria, der Plattendinosaurier, erschien im Jura vor etwa 170 Millionen Jahren. Der bekannteste und größte Vertreter ist Stegosaurus. Stegosaurus trug am Rücken große, breite Knochenplatten. Ihre Bedeutung ist noch nicht ganz geklärt. Man dachte zuerst, daß diese Knochenplatten das Tier am Rücken vor Angriffen schützten.
Heutzutage wird angenommen, daß sie die Körpertemperatur regulierten. In diesem Fall waren sie von einer dünnen, gutdurchbluteten Hautschicht überzogen. Waren diese Platten zur Sonne gewandt, nahmen sie die Strahlung auf und erwärmten das Tier. Im Schatten dagegen wurde die Körperwärme über die Platten nach außen geleitet; das sorgte für Kühlung.

Der Schwanz des Stegosaurus war mit zwei Paar über 1 Meter langen Stacheln besetzt. Sie waren wahrscheinlich mit Horn überzogen. Wurde er angegriffen, so schwenkte Stegosaurus seinen Schwanz und konnte seinem Feind schwerste Wunden zufügen.

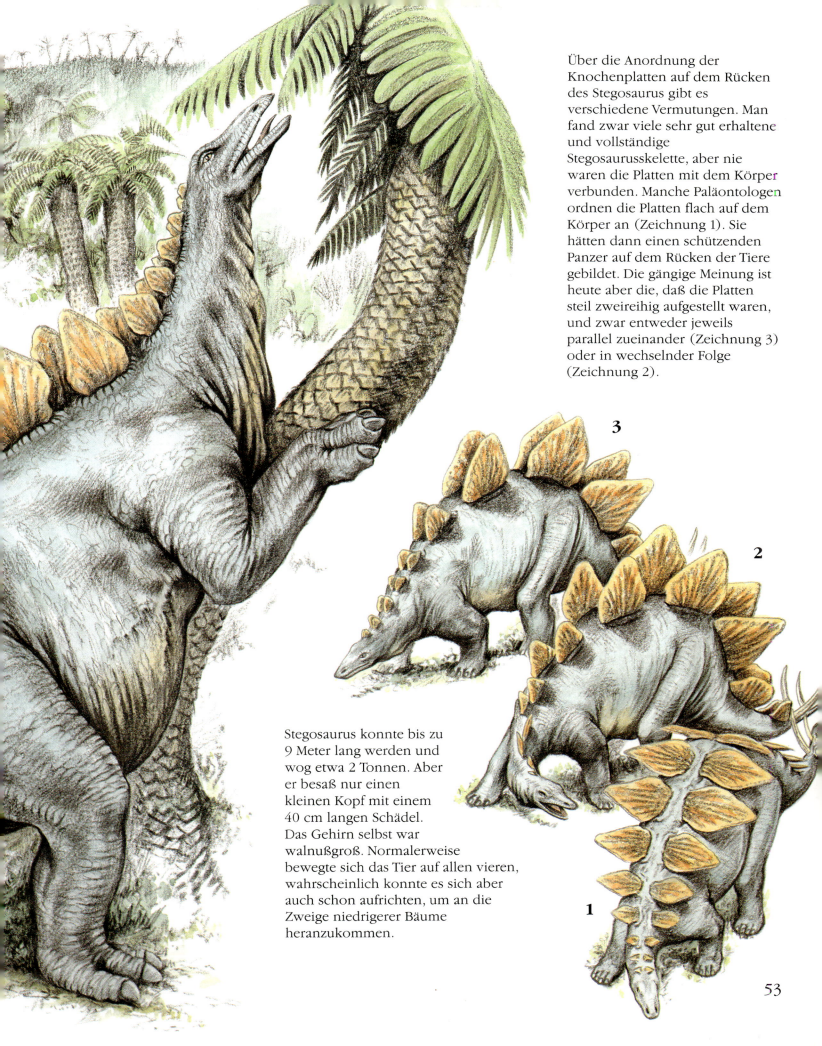

Über die Anordnung der Knochenplatten auf dem Rücken des Stegosaurus gibt es verschiedene Vermutungen. Man fand zwar viele sehr gut erhaltene und vollständige Stegosaurusskelette, aber nie waren die Platten mit dem Körper verbunden. Manche Paläontologen ordnen die Platten flach auf dem Körper an (Zeichnung 1). Sie hätten dann einen schützenden Panzer auf dem Rücken der Tiere gebildet. Die gängige Meinung ist heute aber die, daß die Platten steil zweireihig aufgestellt waren, und zwar entweder jeweils parallel zueinander (Zeichnung 3) oder in wechselnder Folge (Zeichnung 2).

Stegosaurus konnte bis zu 9 Meter lang werden und wog etwa 2 Tonnen. Aber er besaß nur einen kleinen Kopf mit einem 40 cm langen Schädel. Das Gehirn selbst war walnußgroß. Normalerweise bewegte sich das Tier auf allen vieren, wahrscheinlich konnte es sich aber auch schon aufrichten, um an die Zweige niedrigerer Bäume heranzukommen.

Nordamerika

Diplodocus – Doppelbalkenechse

Diplodocus gehörte zu den längsten Dinosauriern. Seine Knochen waren jedoch sehr leicht gebaut, und er war dadurch nicht so schwer wie andere Pflanzenfresser. Den größten Teil seiner Länge machte sein schlangenförmiger Hals und sein peitschenartiger Schwanz aus. Schon aufgrund seiner Größe war Diplodocus vor Feinden sicher. Kleinere Feinde fegte er mit einem mächtigen Schwanzschlag aus dem Weg. Er verzehrte riesige Pflanzenmengen. Mit seinen dünnen, kegelförmigen Zähnen streifte er die Blätter von den Zweigen ab.

Coelurus – Hohlschwanz

Dieser schnelle, leichte und langfüßige Jäger lebte in Wäldern und Sümpfen, wo es reichlich Beute gab. Seine Hände trugen drei Finger mit scharfen Krallen, eine ausgezeichnete Ausrüstung für das Fangen von kleinen Tieren wie Echsen und fliegenden Reptilien.

Länge:
2 m
Gruppe:
Coelurosauria (kleine fleischfressende Dinosaurier)

Ceratosaurus – Hornechse

Die gefährlichste Waffe dieses mächtigen Jägers waren seine starken, mit dolchartigen Zähnen dichtbepackten Kiefer. Er lief zweibeinig und packte seine Beute mit den Krallen seiner kurzen Arme. Am Kopf trug Ceratosaurus ein kleines Horn. Vielleicht setzte er es bei Kämpfen um Weibchen ein, um mit Kopfstößen andere Männchen zu besiegen und die Herrschaft in der Gruppe zu gewinnen.

Länge:
6 m
Gruppe:
Carnosauria (große fleischfressende Dinosaurier)

Oberer Jura

Länge:
26 m

Gruppe:
Sauropoda (langhalsige Pflanzenfresser)

Apatosaurus – Trügerische Echse

Dieser Riese, der schwerer war als sechs ausgewachsene Elefanten ist auch unter dem Namen Brontosaurus, Donnerechse, bekannt. Da die gleiche Art unter zwei verschiedenen Namen beschrieben wurde, was nicht sein darf, stammt der wissenschaftlich korrekte Name von der Erstbeschreibung. Daher heißt der Brontosaurus jetzt Apatosaurus. Apatosaurus ernährte sich von Pflanzen. Seiner Größe wegen war er die meiste Zeit seines Lebens wohl damit beschäftigt, tonnenweise Pflanzen herunterzuschlingen, da seine Zähne auch gar nicht zum Kauen geeignet waren.

Länge:
bis zu 21 m

Gruppe:
Sauropoda (langhalsige Pflanzenfresser)

Nordamerika

Dryosaurus – Eichenechse

Länge: **bis zu 3 m**
Gruppe: **Ornithopoda (Vogelfüßer)**

Dryosaurus war ein Pflanzenfresser und lebte vermutlich in Herden. Er war, wie die heutigen Hirsche, ein überaus schneller Läufer und konnte, wenn ihm durch einen der vielen Raubsaurier Gefahr drohte, auf seinen langen Hinterbeinen schnell davonspurten.

Brachiosaurus

Brachiosaurus war mit seinen 10 Metern Höhe und 80 Tonnen Gewicht selbst unter den hühnenhaften Sauropoda ein Riese. Er könnte heute mühelos zum Balkon eines mehrgeschössigen Hauses hereinschauen und wog soviel wie 12 ausgewachsene Elefantenbullen! Er ernährte sich von Pflanzen, die er mit seinen spitzen, schweineähnlichen Zähnen zerkaute. Da seine Vorderbeine länger als seine Hinterbeine waren, verlief bei ihm die Rückenlinie von den Schultern zum Schwanz abwärts, wie bei heutigen Giraffen. So konnte er mit seinem langen Hals noch besser an die entferntesten Zweige in den Baumkronen reichen.

Oberer Jura

Allosaurus – Andere Echse

Allosaurus war zu seinen Lebzeiten die fürchterlichste Raubechse. Er jagte vermutlich in Rudeln und konnte sogar so große Tiere wie Apatosaurus und Diplodocus erlegen. Sein Kopf war sehr groß, sein Genick stark ausgebildet. Im Kiefer standen über 70 sägeblattartige Zähne, mit denen er große Fleischstücke von seiner Beute riß.

Länge:
bis zu 12 m

Gruppe:
Carnosauria (große fleischfressende Dinosaurier)

Länge:
23 m

Gruppe:
Sauropoda (langhalsige Pflanzenfresser)

Othnielia

Othnielia war ein kleiner, leichtgewichtiger Vogelfüßer mit einem langen Schwanz, langen Beinen und kurzen, fünfgliedrigen Armen. Er ernährte sich von Pflanzen, die er mit seinem harten, zahnlosen Schnabel pflückte und dann mit den weiter hinten liegenden starken Zähnen zerkaute.

Länge:
1,5 m

Gruppe:
Ornithopoda (Vogelfüßer)

Untere Kreide

Dsungaripterus   Bernissartia   Iguanodon   Psittacosaurus   Hypsilophodon

Leben in der Unteren Kreide

In der Unteren Kreide teilte sich der riesige triassische Kontinent in eine nördliche und eine südliche Landmasse. Und diese Superkontinente wiederum brachen in kleinere Einheiten auseinander. Zu dieser Zeit begann die Abspaltung Afrikas von Südamerika.
In die Untere Kreidezeit fiel auch ein wichtiger Entwicklungsschritt der Pflanzen: die ersten Blütenpflanzen entstanden. Wahrscheinlich tauchten sie zum ersten Mal in den tropischen Gebieten Südamerikas und Afrikas auf. Ihre leichten Samen wurden durch Winde verbreitet und konnten sich so innerhalb kurzer Zeit weltweit ansiedeln. Die Pflanzenfresser unter den Dinosauriern zogen aus diesem neuartigen Nahrungsangebot große Vorteile. Noch nie zuvor gab es so viele verschiedene Saurierarten wie in der Kreidezeit.

Ein Flußdelta in Asien

Iguanodon mongolensis besaß starke Zähne und mächtige schnabelartige Kiefer. Er ernährte sich von niederwüchsigen, zähen Pflanzen, wie den Schachtelhalmen.

Die mit den Cycadeen nahe verwandten Benettiteen trugen „Blüten", die mit haarigen Schuppen bedeckt waren.

Cycadeen trugen Zapfen. Sie waren getrenntgeschlechtlich, das heißt, es gab männliche und weibliche Pflanzen mit jeweils unterschiedlichen Zapfen.

Zu den größten Pflanzen der Unteren Kreide zählen die Koniferen, die Nadelbäume.

Dsungaripterus war ein Flugsaurier mit einer Flügelspannweite über 3 Metern.

60

Deinonychus Echinodon Hylaeosaurus Acrocanthosaurus Baryonyx

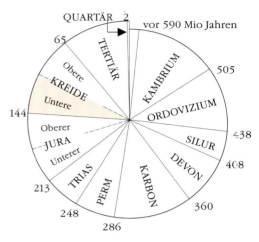

Wuerhosaurus, ein Stegosaurier, war ebenfalls ein Pflanzenfresser.

Euhelopus konnte mit Hilfe seines langen Halses hoch in den Bäumen äsen.

Schachtelhalme wuchsen in den feuchten Niederungen nahe der Seen und Flüsse.

Probactrosaurus, ein Verwandter des Iguanodon, war ein Pflanzenfresser

☐ Meer
☐ Schelf
☐ Land

Die Kreidezeit begann vor etwa 144 Millionen Jahren. Der Name bezieht sich auf die zahlreichen Kreideablagerungen, die in den Flachmeeren, die damals weite Teile Europas und Nordamerikas bedeckt haben, entstanden waren.

Die Karte zeigt, wie die Landmassen in der Unteren Kreide verteilt waren. Die nördlichen und südlichen Teile drifteten immer weiter auseinander.

Die Welt vor 140 Millionen Jahren

61

Europa

Hylaeosaurus

Länge: **6 m**
Gruppe: **Nodosauria (gepanzerte Dinosaurier)**

Den einzigen, dafür aber sehr wirkungsvollen Schutz vor Feinden bildete bei diesem etwas plumpen Tier sein Panzer. Sein Hals, der Rücken und die Seiten waren mit flachen Knochenplatten geschützt, die in einer dicken Lederhaut steckten. Zusätzlich ragten seitlich spitze Dornenreihen aus dem Panzer heraus, so daß nur wenige Räuber dem Hylaeosaurus gefährlich werden konnten.

Echinodon

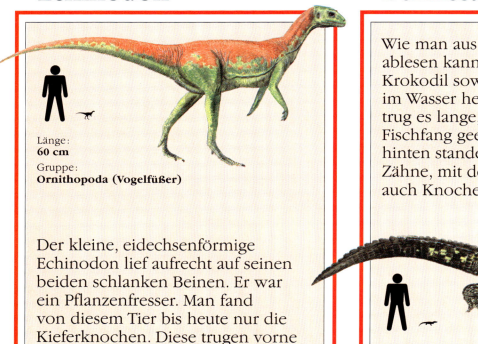

Länge: **60 cm**
Gruppe: **Ornithopoda (Vogelfüßer)**

Der kleine, eidechsenförmige Echinodon lief aufrecht auf seinen beiden schlanken Beinen. Er war ein Pflanzenfresser. Man fand von diesem Tier bis heute nur die Kieferknochen. Diese trugen vorne ungewöhnliche Zähne. Sie waren lang und scharf, ähnlich denen heutiger Katzen und Hunde.

Bernissartia

Wie man aus den zwei Zahntypen ablesen kann, war dieses kleine Krokodil sowohl an Land als auch im Wasser heimisch. Vorne im Maul trug es lange, spitze Zähne, die zum Fischfang geeignet waren. Weiter hinten standen breitere und flachere Zähne, mit denen es Muscheln oder auch Knochen zerbeißen konnte.

Länge: **60 cm**
Gruppe: **Crocodilia (Krokodile)**

Untere Kreide

Baryonyx

Baryonyx wurde erst im Jahre 1983 entdeckt. Seitdem versuchen die Experten seine Lebensweise anhand der vielen Rätsel, die sein Skelettbau aufweist, zu rekonstruieren. Baryonyx hatte einen langen, krokodilähnlichen Schädel. Seine Kiefer trugen doppelt soviele Zähne wie die anderer Carnosaurier. Dies könnte darauf hindeuten, daß er sich von Fischen ernährt hatte. An beiden Vorderbeinen trug er gebogene, 30 cm lange Krallen. Er hätte damit so wie die Grizzlybären es heute tun, bequem Fische aus dem Wasser schlagen können.

Länge:
6 m
Gruppe:
Carnosauria (große fleischfressende Dinosaurier)

Iguanodon

Länge:
9 m
Gruppe:
Ornithopoda (Vogelfüßer)

Dieser große Pflanzenfresser lebte in Herden und durchwanderte die üppige Kreidelandschaft auf der Suche nach Farnen und Schachtelhalmen. Seine Vorderbeine waren sehr eigenartig gebaut. Sie eigneten sich sowohl zum Laufen als auch zur Nahrungsaufnahme. An jeder Hand befand sich zusätzlich eine scharfe Kralle, die als wirkungsvolle Waffe eingesetzt werden konnte.

Asien

Dsungaripterus

Länge:
3 m Flügelspannweite
Gruppe:
Pterosauria (Flugsaurier)

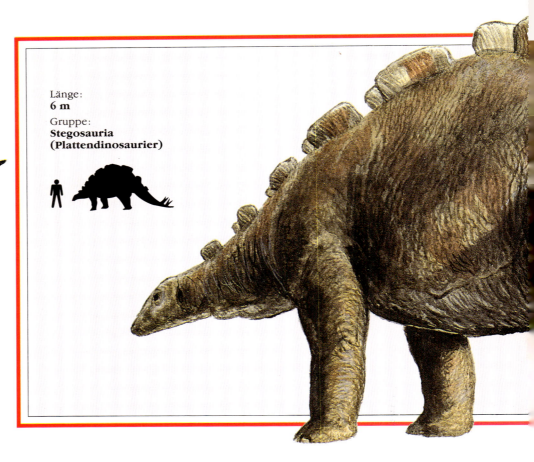

Länge:
6 m
Gruppe:
Stegosauria (Plattendinosaurier)

Dsungaripterus trug auf der Schnauze einen ungewöhnlich geformten Knochenkamm. Seine langen, schmalen Kiefer waren aufwärts gebogen und liefen in eine feine Spitze aus. Die ganze Konstruktion war hauchdünn und erinnert an eine Pinzette. Wie und wozu er diese Kiefer einsetzte, konnte bis heute nicht geklärt werden.

Probactrosaurus

Probactrosaurus war mit dem großen Iguanodon verwandt. Er war sehr massiv gebaut, seine breiten Beine trugen schwere, hufähnliche Nägel. Wahrscheinlich bewegte er sich recht langsam auf allen vieren und suchte nach niederwüchsigen Pflanzen. Er zwickte die Blätter mit seinem schnabelförmigen Kiefer ab und zerkleinerte sie dann mit seinen hintereinandergereihten Zahnreihen.

Untere Kreide

Wuerhosaurus

Von diesem Plattendinosaurier wurden bisher nur einige Knochen gefunden, daher beruht die Rekonstruktion auf Vermutungen. Wahrscheinlich war auch sein Rücken mit Knochenplatten besetzt. Sein Schwanz trug scharfe Dornen. Wuerhosaurus war ein Pflanzenfresser und lief auf vier Beinen.

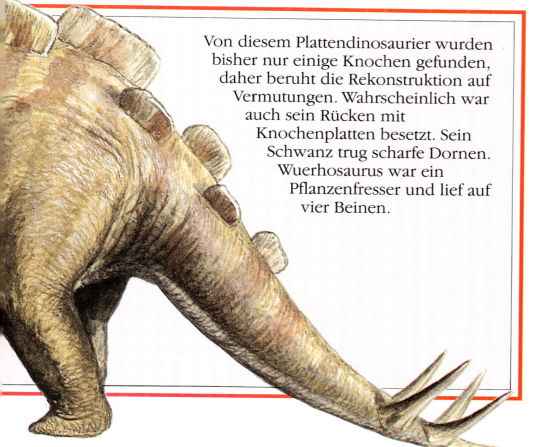

Länge: **6 m**
Gruppe: **Ornithopoda (Vogelfüßer)**

Pachyrhachis

Dieses Tier hatte einen langen, schlangenförmigen Körper und einen eher eidechsenartigen Kopfbau. Es lebte im Wasser und schwamm vermutlich mit schlängelnden Bewegungen seines biegsamen Körpers.

Länge: **1 m**
Gruppe: **Serpentes (Schlangen)**

Psittacosaurus

Länge: **bis zu 2,5 m**
Gruppe: **Ceratopia (Horndinosaurier)**

Psittacosaurus hatte einen großen Kopf mit einem hornigen, papageiähnlichen Schnabel. Sein Name bedeutet auch „Papageienechse". Er war zahnlos, aber mit dem scharfen Schnabel konnte er Blätter und kleine Stämmchen abreißen und fressen.

Pterosauria – fliegende Reptilien

Die Flugsaurier gehörten zu den ersten Wirbeltieren, die die Lüfte eroberten. Diese Reptilien flogen mit Hautflügeln, die zwischen ihrem Körper und dem extrem verlängerten vierten Fingerglied jeder Hand aufgespannt waren.
Die ersten Pterosauria tauchten in der Oberen Trias auf, 50 Millionen Jahre vor dem ersten bekannten Vogel, Archaeopteryx. Während des Jura und der Kreide waren sie die Beherrscher des Luftraumes. Sie starben, wie die meisten Dinosaurier, am Ende der Kreidezeit vor 65 Millionen Jahren aus.

Es gab zwei Hauptgruppen von Flugsauriern. Die ältere und auch primitivere Gruppe bilden die Rhamporhynchoidea. Sie hatten nur kurze Beine und einen langen knöchernen Schwanz. Zu ihnen gehören die unten abgebildeten Rhamporhynchus und Anurognathus.
An die Stelle der im Oberen Jura ausgestorbenen ersten Gruppe traten die Pterodactyloidea mit kürzeren Schwänzen, aber längeren Hälsen. Zu ihnen gehörten Quetzalcoatlus und Pterodaustro.

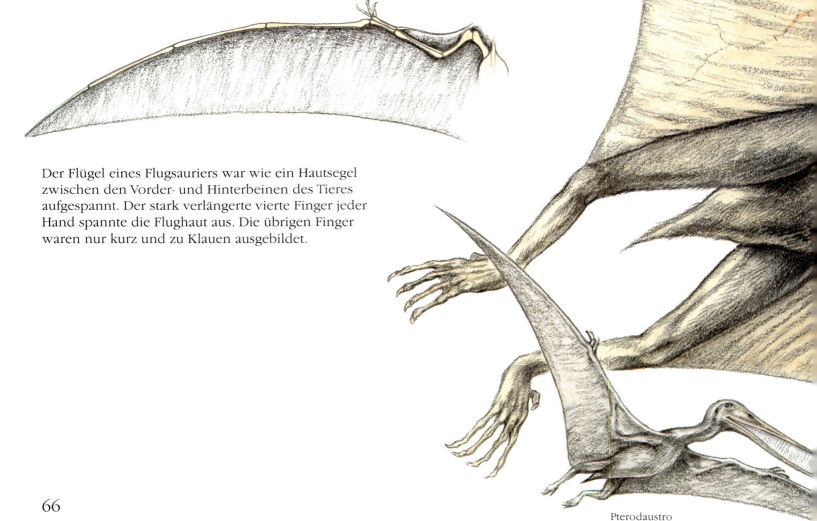

Der Flügel eines Flugsauriers war wie ein Hautsegel zwischen den Vorder- und Hinterbeinen des Tieres aufgespannt. Der stark verlängerte vierte Finger jeder Hand spannte die Flughaut aus. Die übrigen Finger waren nur kurz und zu Klauen ausgebildet.

Pterodaustro

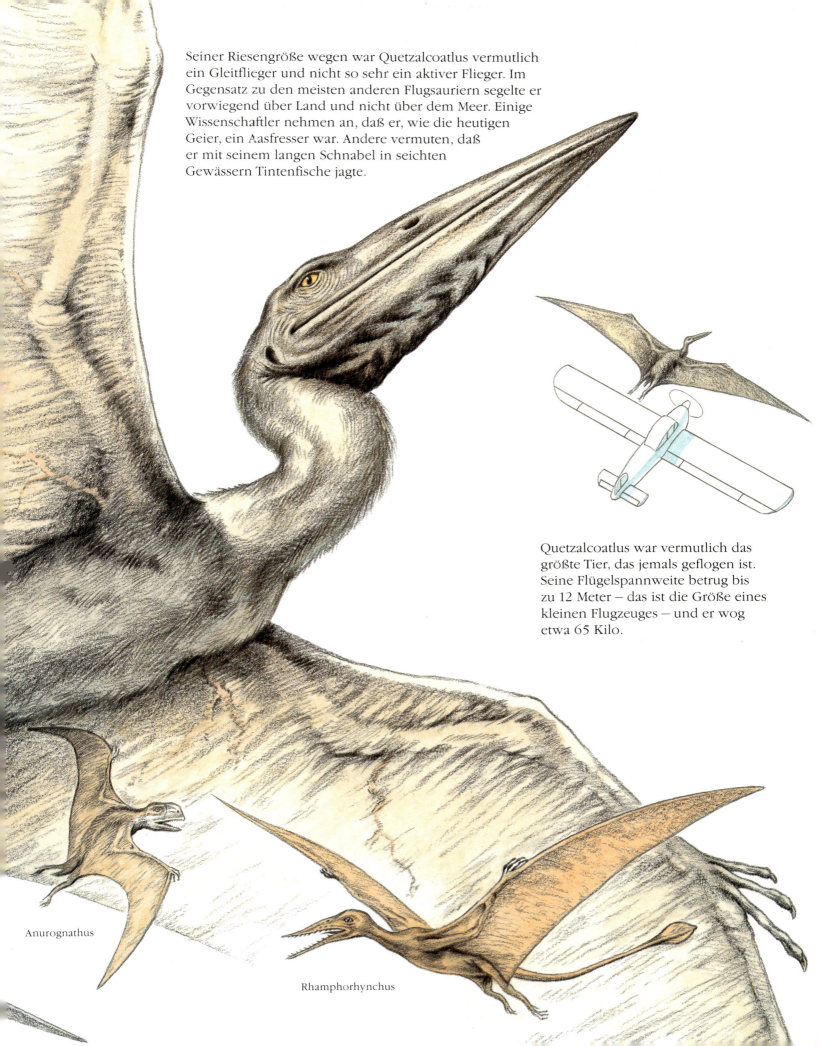

Seiner Riesengröße wegen war Quetzalcoatlus vermutlich ein Gleitflieger und nicht so sehr ein aktiver Flieger. Im Gegensatz zu den meisten anderen Flugsauriern segelte er vorwiegend über Land und nicht über dem Meer. Einige Wissenschaftler nehmen an, daß er, wie die heutigen Geier, ein Aasfresser war. Andere vermuten, daß er mit seinem langen Schnabel in seichten Gewässern Tintenfische jagte.

Quetzalcoatlus war vermutlich das größte Tier, das jemals geflogen ist. Seine Flügelspannweite betrug bis zu 12 Meter – das ist die Größe eines kleinen Flugzeuges – und er wog etwa 65 Kilo.

Anurognathus

Rhamphorhynchus

Nordamerika

Acrocanthosaurus

Acrocanthosaurus war ein mächtiger Jäger, der sich von anderen Dinosauriern ernährte. Der Name bedeutet „sehr stachlige Echse". Entlang seinem Rücken verlief eine Reihe bis zu 30 cm langer Stacheln, die einen Hautkamm aufrichteten.

Länge:
13 m
Gruppe:
Carnosauria (große fleischfressende Dinosaurier)

Sauropelta – Echsenschild

Dieser friedliche Pflanzenfresser konnte sicherlich nicht schnell rennen. Aber durch seine Panzerung war er gut vor Raubsauriern geschützt. Sein Rücken war mit vielen Reihen von Knochenplatten besetzt, seine Flanken durch scharfe Stacheln geschützt.

Länge: **7,5 m**
Gruppe:
Ankylosauria (Panzerdinosaurier)

Länge:
3 – 4 m
Gruppe:
Deinonychosauria (Echsen mit den schrecklichen Klauen)

Untere Kreide

Thescelosaurus

Thescelosaurus war ein relativ stämmig gebauter Vogelfüßer und wohl auch nicht besonders schnell. Auf seinem Rücken trug er Reihen von knöchernen Höckern, die ihm einen gewissen Schutz vor Räubern gewährten.

Länge:
3,5 m

Gruppe:
Ornithopoda (Vogelfüßer)

Deinonychus
Schreckliche Klaue

Deinonychus war ein Jäger. Er war schnell und wendig, leichtgewichtig und vielleicht sogar warmblütig. Seine gekerbten Zähne waren dazu geeignet, große Fleischstücke aus der Beute zu reißen. Beide Hinterbeine trugen jeweils eine sichelförmig gekrümmte, riesige Kralle, die bis zu 12 cm maß. Wie mit einem Dolch konnte Deinonychus, auf nur einem Bein stehend, auf seine Beute einschlagen.

Tenontosaurus

Tenontosaurus war ein großer und stämmiger Vertreter der Vogelfüßer. Besonders auffallend ist der dicke Schwanz dieses Pflanzenfressers. Obwohl er sich mit seinen Krallen und mit dem Peitschenschlag seines Schwanzes wohl zu wehren wußte, war er für Räuber wie Deinonychus eine leichte Beute.

Länge: **7,5 m**   Gruppe: **Ornithopoda (Vogelfüßer)**

Obere Kreide

Archelon　　　Alioramus　　　Protoceratops　　　Lambeosaurus　　　Struthiomimus

Leben in der Oberen Kreide

Die Blütenpflanzen, die zuerst in der Unteren Kreide auftauchten, waren bereits in der Oberen Kreide weltweit auf dem Vormarsch. Es gab Walnußbäume, Eichen und Magnolien und eine große Artenvielfalt kleiner Blütenpflanzen. So fanden die damals lebenden Pflanzenfresser ein mannigfaltiges Nahrungsangebot vor. Zu dieser Zeit erreichten die Dinosaurier ihre Blütezeit, und es gab mehr Arten von Dinosauriern als jemals zuvor. Am Ende der Kreidezeit, vor 65 Millionen Jahren, verschwanden sie aber alle in einem großen Massensterben. Man kennt bis heute nicht den Grund dafür. Eine Theorie besagt, daß damals ein großer Meteorit auf der Erde einschlug. Dabei wurden große Staubmassen in die Luft geschleudert. Der Staub verdunkelte die Erde, so daß viele Landpflanzen eingingen. Dadurch verhungerten die pflanzenfressenden Dinosaurier, und somit auch ihre Räuber. Die heutigen Vögel sind die einzigen lebenden Nachfahren der Dinosaurier.

Ein Wald in Nordamerika

Pteranodon war einer der größten Flugsaurier. Er glitt über das Land, indem er aufsteigende warme Luftströme zum Flug ausnutzte.

Parasaurolophus trug auf seinem Kopf einen Hohlkamm. Vielleicht diente er dazu, seine Schreie zu verstärken.

Benettiteen waren cycadeenähnliche Pflanzen und trugen „Blüten" und Zapfen. Am Ende der Kreide starben sie aus.

Blütenpflanzen wie die Magnolien breiteten sich in den nordamerikanischen Wäldern von damals aus.

Alphadon war eines der ersten Beuteltiere. Es konnte gut klettern und verbrachte die meiste Zeit in Bäumen.

Stegoceras   Triceratops   Alamosaurus   Torosaurus   Ankylosaurus

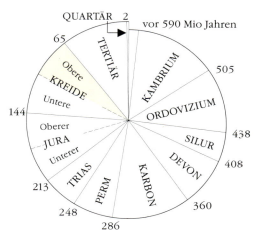

Das Bild zeigt einen Tyrannosaurus beim Angriff auf eine Herde friedlich äsender Pflanzenfresser.

Ein Corythosaurusjungtier hatte einen viel kleineren Kopfkamm als die erwachsenen Tiere.

Die Obere Kreide endete vor 65 Millionen Jahren und mit ihr auch das Dinosaurierzeitalter.

Die Karte zeigt die Lage der Landmassen in der Oberen Kreide. Nordamerika und Europa waren von Flachmeeren überflutet, die das Land der nördlichen Erdhalbkugel unterteilten.

Die Welt vor 100 Millionen Jahren

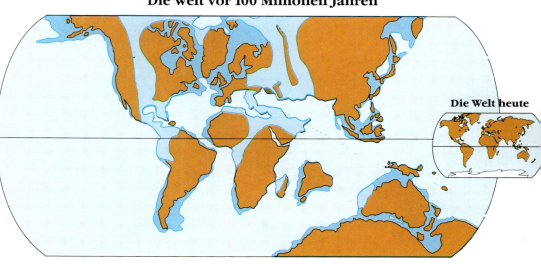

Der mächtige Tyrannosaurus war einer der größten Räuber der Kreidewälder.

Corythosaurus durchstreifte in Herden den Wald auf der Suche nach Nahrung. Er fraß Magnolienblätter, aber auch die recht zähen Nadelblätter.

- Meer
- Schelf
- Land
- Flachmeer

Europa

Platecarpus

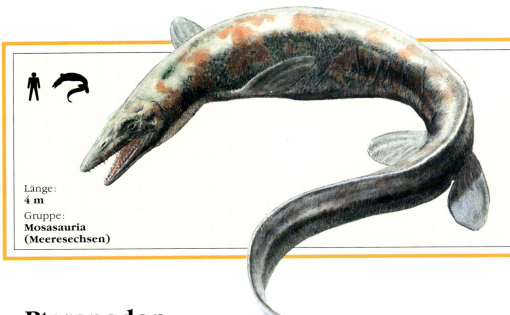

Länge:
4 m
Gruppe:
Mosasauria (Meeresechsen)

Platecarpus war eine riesige Meeresechse. Er schwamm mit schlängelnder Bewegung seines langen Körpers und Flossenschwanzes. Seine flachen, mit Schwimmhäuten versehenen Beine setzte er als Ruder ein. Er ernährte sich vorwiegend von Fischen und Tintenfischen.

Pteranodon

Pteranodon, einer der größten Flugsaurier aller Zeiten, war vermutlich zu groß, um ständig seine Flügel aktiv schlagen zu können. So wie heutige große Seevögel glitt er über die Meeresoberfläche auf der Suche nach Beute. Der Knochenkamm diente ihm dabei als Gegengewicht zu seinem relativ schweren Kopf. Pteranodon war zahnlos. Vielleicht jagte er in der Art heutiger Pelikane, die Fische wie mit einem Kescher aus dem Wasser sieben und im ganzen verschlingen.

Länge:
7 m Flügelspannweite
Gruppe:
Pterosauria (Flugsaurier)

Obere Kreide

Struthiosaurus – Straußechse

Struthiosaurus gehört zu den kleineren Vertretern der Ankylosauria, der Panzerdinosaurier. Sein Panzer war aus mehreren verschiedenen Teilen aufgebaut: den Nacken schützten Knochenplatten, der Rücken war mit kleinen Knochenhöckern besetzt, und seine Flanken waren durch eine Reihe scharfer Dornen geschützt.

Länge:
2 m
Gruppe:
**Nodosauria
(Panzerdinosaurier)**

Eustreptospondylus

Länge:
7 m
Gruppe:
Carnosauria (große fleischfressende Dinosaurier)

Dieser mächtige Jäger lief auf zwei Beinen und hatte so die Hände zum Greifen der Beute frei. Er hatte einen großen Kopf, und seine Kiefer trugen viele sägeblattartige gezackte Zähne. Mit diesen konnte das Tier große Fleischstücke aus seiner Beute reißen. Trotz seiner Größe war Eustreptospondylus ein schneller und gewandter Jäger.

Asien

Tarbosaurus

Dieser Riese durchstreifte die weiten Ebenen Asiens und fraß alles, was ihm dabei in die Quere kam, ob tot oder lebendig. Weil er so groß und schwer war, war er vermutlich kein guter Jäger. So ernährte er sich wahrscheinlich auch von den Resten der Beute anderer Carnosauria. Er selbst wurde kaum von anderen Räubern angegriffen, die ihm vermutlich schon allein wegen seiner Größe lieber aus dem Weg gingen.

Länge:
bis zu 14 m

Gruppe:
Carnosauria (große fleischfressende Dinosaurier)

Protoceratops

Protoceratops war ein stämmiger Pflanzenfresser. Er lief auf allen vieren. Sein Kiefer war wie der eines Papageies ausgebildet. Am Hinterkopf trug er ein verbreitetes Knochenschild. Protoceratops wurde berühmt, weil er der erste Dinosaurier war, von dem man Eier und Nester entdeckte. In einigen Eiern konnte man sogar die Knochen der Protoceratops-Embryonen finden, in Eiern, die vor 80 Millionen Jahren gelegt wurden!

Länge:
3 m

Gruppe:
Ceratopia (Horndinosaurier)

Obere Kreide

Velociraptor – Schneller Plünderer

Dieser aggressive Räuber hielt seine Beute mit den Vorderbeinen fest, während er sie mit den Krallen seiner Hinterbeine aufschlitzte. Man fand in der Mongolei das Fossile Skelett eines Velociraptor, der in einen Horndinosaurier verkrallt war. Offenbar sind beide Tiere bei dem Kampf gleichzeitig ums Leben gekommen.

Länge: **2 m**
Gruppe: **Deinonychosauria (Echsen mit den schrecklichen Klauen)**

Elasmosaurus

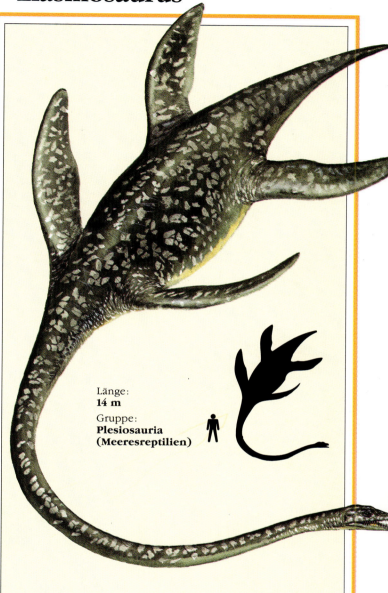

Länge: **14 m**
Gruppe: **Plesiosauria (Meeresreptilien)**

Alioramus

Alioramus war mit dem größeren Tyrannosaurus verwandt. Er war ein Räuber mit einem stämmigen Körper und klauenbewehrten Füßen. Auf seinem Kopf trug er knöcherne Höcker oder Stacheln. Diese waren vermutlich bei den Männchen stärker ausgeprägt und dienten vielleicht beim Balzen zum Anlocken des Weibchens.

Länge: **6 m**
Gruppe: **Carnosauria (große fleischfressende Dinosaurier)**

Elasmosaurus ist der größte Plesiosaurier, den man bisher kennt. Sein langer schlangenähnlicher Hals machte fast die halbe Körperlänge aus. Dieses Reptil lebte im Meer und schwamm nahe der Oberfläche, wobei es den Hals aus dem Wasser hielt. Wenn es seine Beute – meistens einen Fisch – erspähte, tauchte er mit seinem langen Hals nach ihm und schnappte zu.

Asien

Tsintaosaurus

Bis vor kurzem nahmen Wissenschaftler an, dieser Pflanzenfresser hätte auf seinem Kopf ein steil aufragendes Horn getragen, wie das legendäre Einhorn. Jetzt ist man aber nicht mehr ganz sicher, ob diese Rekonstruktion des Tieres noch stimmt. Es könnte sein, daß das Horn rückwärts gerichtet war oder aber, daß das Tier überhaupt kein Horn getragen hat.

Länge:
10 m
Gruppe:
Ornithopoda (Vogelfüßer)

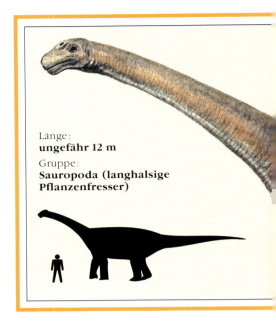

Länge:
ungefähr 12 m
Gruppe:
Sauropoda (langhalsige Pflanzenfresser)

Shantungosaurus

Länge:
13 m
Gruppe:
Ornithopoda (Vogelfüßer)

Der lange und schwere Schwanz machte über die Hälfte der Körperlänge dieses Dinosauriers aus. Wahrscheinlich lief Shantungosaurus auf allen vieren. Wurde er angegriffen, so konnte er auf zwei Beinen davonsprinten, wobei er mit dem mächtigen Schwanz das Gleichgewicht hielt, indem er ihn nach hinten ausstreckte. Dieser Pflanzenfresser ernährte sich auch schon von Blütenpflanzen, die damals gerade entstanden waren.

Obere Kreide

Opisthocoelicaudia

Da beim einzigen Skelett, das man bisher von Opisthocoelicaudia fand, Kopf und Hals fehlen, kann man seine Länge nur schätzen. Es handelte sich um einen großen Pflanzenfresser mit einem sehr langen, starken Schwanz. Wahrscheinlich benutzte das Tier den Schwanz als eine Stütze, wenn es sich auf die Hinterbeine stellte, um an die Blätter hoher Bäume heranzureichen.

Saichania

Saichania war ein schwergepanzerter pflanzenfressender Dinosaurier. Sein Kopf war durch Knochenhöcker geschützt, seine Flanken durch Reihen von Stacheln und sein Rücken durch Knochenplatten. Sein Schwanz endete in einer knöchernen Keule, die das Tier zur Verteidigung hin und herschwingen konnte.

Länge:
7 m

Gruppe:
**Ankylosauria
(Panzerdinosaurier)**

Tyrannosauria – die furchterregenden Echsen

Die größten Fleischfresser aller Zeiten gehörten zur Gruppe der Tyrannosauria, der Tyrannenechsen. Sie lebten in der Oberen Kreide vor 80 Millionen Jahren. Man fand ihre Fossilien in Asien und im westlichen Nordamerika. Der bekannteste Vertreter dieser Gruppe war Tyrannosaurus. Er hatte einen riesigen Kopf und einen kurzen Körper, den er mit seinem mächtigen Schwanz im Gleichgewicht hielt. Sein ganzes Gewicht lastete auf den säulenartigen Hinterbeinen, die große Klauen trugen. Seine Arme hingegen wirken verkümmert, und er konnte mit ihnen nicht einmal zum Maul reichen. Jede Hand trug nur zwei Finger.

Wahrscheinlich ernährte sich Tyrannosaurus von den pflanzenfressenden Dinosauriern, die damals Nordamerika durchstreiften, wie Anatosaurus. Sie waren zwar recht groß, konnten aber von dem mächtigen Räuber leicht zur Strecke gebracht werden.

Mit seinen mächtigen Klauen, seinem starken Kopf und Hals und den kräftigen Kiefern war Thyrannosaurus ein fürchterlicher Räuber. Er überraschte und überwältigte seine Opfer vermutlich aus dem Hinterhalt.

Obwohl Tyrannosaurus wie ein gefürchteter Jäger aussieht, nehmen einige Forscher an, daß er ein Aasfresser gewesen sein könnte, der sich über die Reste der Mahlzeiten anderer Raubdinosaurier hermachte. Vielleicht vertrieb er sie von ihrer Beute, wobei er sie mit seiner furchterregenden Größe erschreckte.

Der größte fleischfressende Dinosaurier Tyrannosaurus war gleichzeitig der größte Fleischfresser überhaupt, der jemals an Land lebte. Aus Knochenfunden in Nordamerika konnte man schließen, daß das Tier bis zu 12 Meter lang, 6 Meter hoch und etwa 8 Tonnen schwer war. Das ist mehr, als ein ausgewachsener Elefantenbulle wiegt.

Die riesigen Kiefer des Tyrannosaurus waren mit messerscharfen Zähnen besetzt, von denen jeder 15 Zentimeter lang war. Die Zähne waren außerdem sägeblattartig gerillt, so daß sie leichter das Fleisch der Beute zerteilen konnten.

Nordamerika

Struthiomimus – Straußnachahmer

Mit seinen langen Beinen, dem langen Hals, dem kleinen Kopf und schnabelförmigen Maul sah Struthiomimus einem Strauß ähnlich. Er trug aber keine Federn. Sein Speisezettel war sehr reichhaltig. Er fraß Blätter, Früchte, Insekten und Kleintiere. Bei Gefahr konnte er mit bis zu 50 Stundenkilometern Geschwindigkeit schnell wegrennen.

Deinosuchus

Wörtlich übersetzt heißt dieser Urzeitriese „Schreckliches Krokodil". Er war dreimal so lang wie das größte heute lebende Krokodil. Im Sumpfgelände lauerte er wahrscheinlich Dinosauriern auf und packte zu, wenn sie in seine Nähe gerieten.

Länge:
15 m
Gruppe:
Crocodilia (Krokodile)

Daspletosaurus

Länge:
8,5 m
Gruppe:
Carnosauria (große fleischfressende Dinosaurier)

Riesige Kiefer, mit dolchartigen Zähnen bestückt, klauenbewehrte Extremitäten und massige Größe waren die Waffen dieses Raubdinosauriers. Wahrscheinlich lauerte er in Wäldern den großen Horndinosauriern auf und überwältigte seine Opfer, indem er sich mit der ganzen Wucht seines 4 Tonnen schweren Körpers auf sie warf.

Obere Kreide

Saurolophus – Echse mit einem Kamm

Länge:
3,5 m
Gruppe:
Ornithomimidae (Vogelnachahmer)

Länge:
9 m
Gruppe:
Ornithopoda (Vogelfüßer)

Dieser große pflanzenfressende Dinosaurier besaß einen langen knöchernen Auswuchs am Kopf, der rückwärts gerichtet war. Dieser Kamm könnte als Stütze von Hautlappen, die mit der Nase verbunden waren, gedient haben. Vielleicht hat das Tier diese Hautlappen aufblasen und mit ihrer Hilfe bellende Laute von sich geben können. Da Saurolophus in Herdenverbänden lebte, hätte er somit auch über größere Entfernungen mit anderen Tieren seiner Herde in Verbindung bleiben können.

Champsosaurus

Länge:
1,5 m
Gruppe:
Diapsida (frühe Reptilienverwandte)

Champsosaurus lebte in Flüssen und Sümpfen Europas und Nordamerikas. Obwohl er auf den ersten Blick so aussieht, war er kein Krokodil, sondern gehört zu der Gruppe der Diapsida, der frühen Reptilienverwandten. Er konnte gut schwimmen und ernährte sich vorwiegend von Fischen.

Nordamerika

Stegoceras – Horndach

Länge:
2 m
Gruppe:
**Pachycephalosauridae
(Dickkopfechsen)**

Stegoceras hatte einen hochgewölbten Kopf, der aus stark verdickten Knochen aufgebaut war. Wahrscheinlich lebte er in Herden, und die Männchen führten Revierkämpfe aus. Dabei rammten sich die Männchen mit gesenkten Köpfen, so daß die Knochenkuppeln der Gegner frontal aufeinanderkrachten.

Stenonychosaurus

Schmalklauenechse
Von allen bisher bekannten Dinosauriern besaß Stenonychosaurus das größte Gehirn (im Verhältnis zur Körpergröße). Seine Augen hatten einen Durchmesser von 5 cm. Wahrscheinlich konnte das Tier auch im Dunkeln gut sehen und war daher ein nachtaktiver Jäger, der in den Wäldern kleine Säuger und Reptilien jagte.

Länge: **2 m**
Gruppe:
**Coelurosauria
(kleine
fleischfressende
Dinosaurier)**

Prosaurolophus

Prosaurolophus gehörte zu den Entenschnabeldinosauriern. Diese Gruppe heißt so, weil ihre Mäuler breit und flach waren und an einen Entenschnabel erinnern. Prosaurolophus trug am Kopf einen Knochenkamm, der von der Nasenspitze bis zur Kopfmitte reichte und dort mit einem Knochenhöcker endete.

84

Obere Kreide

Plotosaurus

Diese Riesenechse lebte im Meer, wahrscheinlich in seichten Küstengewässern. Sein langer Schwanz lief in einer großen Flosse aus. Die Beine waren zu Paddeln umgestaltet, wobei die vorderen länger als die hinteren waren. Plotosaurus ernährte sich von Fischen, Tintenfischen und vielleicht auch von Muscheln.

Länge:
10 m
Gruppe:
Mosasauria (Meeresechse)

Parksosaurus

Dieser kleine Pflanzenfresser lebte in Herden. Bei Gefahr konnte er sehr schnell wegrennen. Er suchte seine Nahrung in Bodennähe, bahnte sich dabei seinen Weg durchs Unterholz und rupfte mit seinen Schnabelkiefern seine Lieblingsfutterpflanzen ab.

Länge:
8 m
Gruppe:
Ornithopoda (Vogelfüßer)

Länge:
2,5 m
Gruppe:
Ornithopoda (Vogelfüßer)

Nordamerika

Panoplosaurus

Voll gepanzerte Echse
Panoplosaurus trug einen schweren Körperpanzer und wog etwa soviel wie ein Elefant. Seine Panzerung bestand aus breiten, viereckigen Platten an Hals und Schultern. Der Rest des Körpers war mit Knochenhöckern besetzt, die Flanken schützten große Stacheln. Sogar der Kopf war gepanzert. Panoplosaurus war ein Pflanzenfresser und suchte seine Nahrung in Bodennähe.

Länge:
4,5 m
Gruppe:
**Nodosauria
(Panzerdinosaurier)**

Pachycephalosaurus

Länge:
4,5 m
Gruppe:
**Pachycephalosauridae
(Dickkopfechsen)**

Die Wulst am Kopf dieses Tieres war aus einem 25 cm hohen Knochen aufgebaut. Wie ein Sturzhelm konnte dieser Knochen den Aufprall auffangen, wenn Männchen bei Revierkämpfen aufeinander losgingen.

Corythosaurus – Helmechse

Länge:
9 m
Gruppe:
**Ornithopoda
(Vogelfüßer)**

Die Nahrung dieses wunderschönen Entenschnabeldinosauriers war sehr mannigfaltig. Sie bestand aus Nadelblättern und aus Blättern sowie aus Samen und Früchten der Blütenpflanzen. Auf seinem Kopf trug das Tier einen halbmondförmigen Knochenkamm. Er war hohl. Mit seiner Hilfe konnte das Tier Töne erzeugen und so mit anderen Tieren seiner Herde in Kontakt bleiben. Bei Gefahr konnte Corythosaurus auf seinen zwei kräftigen Beinen schnell wegrennen.

Obere Kreide

Parasaurolophus

Dieser Entenschnabeldinosaurier trug auf dem Kopf einen langen und dünnen Knochenkamm, dessen Ende genau in eine Kuhle in seiner Wirbelsäule hineinpaßte. Man nimmt an, daß das Tier das Knochenkammende beim Laufen in diese Kerbe legte, um so Äste und Blätter beiseitezuschieben.

Länge:
10 m

Gruppe:
Ornithopoda (Vogelfüßer)

Alamosaurus

Am Ende der Kreidezeit, vor 65 Millionen Jahren, waren breite Landstriche Nordamerikas feucht und sumpfig. Nur im Südwesten gab es noch einige trockenere Gebiete. Hier lebte, neben anderen Sauropoden, auch Alamosaurus. Er wurde nach der berühmten texanischen Festung Alamo benannt.

Länge:
21 m

Gruppe:
Sauropoda (langhälsige pflanzenfressende Dinosaurier)

Maiasaura – die „Gute Mutter Echse"

Wie alle anderen Reptilien legten auch die Dinosaurier Eier. Diese hatten eine harte Schale und mehrere wasserundurchlässige Häute im Innern, so daß sich der Embryo wohlgeschützt entwickeln konnte. Heutige Schildkröten legen ihre Eier in eine Bodengrube und überlassen das Brüten der Mutter Natur. Lange Zeit dachte man, auch die Dinosaurier hätten sich ähnlich verhalten. Neuere Funde aus Nordamerika zeigen aber, daß viele Dinosaurier Brutpflege betrieben und für die Aufzucht der Jungen sorgten.
Man fand ganze Dinosauriernester und dicht daneben Skelette von erwachsenen Tieren und Jungtieren. Daher nahm man an, daß sich diese Dinosaurier um ihren Nachwuchs sorgten und ihn vermutlich auch fütterten. Die interessantesten Nester gehörten zu Maiasaura, einem Dinosaurier, dessen Name „Gute Mutter Echse" bedeutet.

Mehrere Nesthaufen in einem Gebiet lassen vermuten, daß Maiasaura in Gruppen nistete. Die Nester waren aus Schlammhaufen aufgebaut. Das Muttertier kratzte eine Kuhle in der Nestmitte aus, in die es die Eier ablegte.

Jedes Ei war etwa 20 cm lang und damit ungefähr dreimal so groß wie ein Hühnerei. Maiasaura legte meistens 20 oder mehr Eier auf einmal ab und deckte sie mit Sand oder Pflanzenmaterial ab, um sie warmzuhalten.

Maiasaura war zu schwer, um auf den Eiern zu brüten. Aber sie behielt sie aus nächster Nähe im Auge.

Maiasaura gehört zur Familie der Hadrosauridae, der Entenschnabeldinosaurier. Diese Art lebte in der Oberen Kreide in Nordamerika.
Maiasaura war ein etwa 6 Meter langer Pflanzenfresser. Die spektakuläre Entdeckung eines Maiasaurageleges in Montana im Jahre 1978 erlaubte den Paläontologen neue Einblicke in das Familienleben der Dinosaurier. Die einzelnen Nester waren etwa 7 Meter weit voneinander entfernt, so daß die Maiasaura-Mütter recht eng beieinander nisteten.

Beim Schlüpfen waren die kleinen Maiasaura etwa 35 cm lang. Wahrscheinlich versorgte sie die Mutter so lange mit Futter, bis sie stark genug waren, um selbst auf Nahrungssuche zu gehen. Da die Maiasaura in Gruppen nisteten, paßten wahrscheinlich immer einige Tiere auf die Gelege auf, während andere Nahrung herbeischafften.

Nordamerika

Anatosaurus

Entenschnabelsaurier

Man fand mehrere gut erhaltene Fossilien dieses Dinosauriers, darunter auch zwei mumifizierte Körper – eine sehr seltene Entdeckung. An diesen Exemplaren konnte man den Mageninhalt bestimmen. Die letzte Mahlzeit dieser Pflanzenfresser bestand aus Kiefernadeln, Zweigen, Samen und Früchten. Anatosaurus besaß den für alle Entenschnabeldinosaurier typischen zahnlosen Hornschnabel.

Pachyrhinosaurus

Länge: 5 m
Gruppe: Ceratopia (Horndinosaurier)

Statt Hörner trug dieser Dinosaurier auf dem Kopf ein dickes Knochenschild. Vielleicht benutzte er es bei Revierkämpfen mit anderen Männchen als Rammbock.

Nodosaurus – Knotenechse

Hunderte breiter Knochenplatten, besetzt mit Knochenhöckern, bildeten den Panzer dieses Dinosauriers. Diesen Knochenhöckern verdankt er auch den Namen Knotenechse. Da sie ein großes Gewicht tragen mußten, waren seine Schultern, sein Becken und die Beine sehr stark entwickelt.

Länge: 5 m
Gruppe: Nodosauridae (Panzerdinosaurier)

Obere Kreide

Archelon

Diese riesige Meeresschildkröte trug einen recht leichten Panzer. Ihr Rückenschild bestand aus einer netzartigen Knochenstruktur, die von einer zähen ledrigen Haut überzogen war. Archelon hatte einen zahnlosen Schnabel und schwache Kiefer; daher nimmt man an, daß sie sich von Quallen ernährt hat.

Länge:
3,5 m
Gruppe:
Chelonia (Schildkröten)

Länge:
10 m
Gruppe:
Ornithopoda (Vogelfüßer)

Triceratops

Im Gegensatz zu seiner furchteinflößenden Erscheinung war Triceratops ein harmloser Pflanzenfresser, der die Ebenen Nordamerikas auf Nahrungssuche durchstreifte. Er war der schwerste und größte Horndinosaurier und wog über 11 Tonnen, doppelt soviel wie ein Elefantenbulle. Seine riesigen Hörner mögen viele Feinde vor einem Angriff abgehalten haben.

Länge:
9 m
Gruppe:
Ceratopia (Horndinosaurier)

91

Nordamerika

Styracosaurus

Länge:
5 m
Gruppe:
**Ceratopia
(Horndinosaurier)**

Stachlige Echse
Dieser auffallende Horndinosaurier trug auf der Schnauze ein langes Horn. Sein Nacken war durch eine knöcherne Halskrause geschützt, die zusätzlich mit langen Stacheln besetzt war. Mit diesen Waffen konnte sich Styracosaurus bestimmt gut verteidigen. Griff ihn ein Räuber an, so rammte er ihm sein Horn in den Körper, während ihn die Halskrause gegen Bisse schützte.

Dromaeosaurus

Dieser flinke Raubdinosaurier jagte in Rudeln und konnte daher Tiere zur Strecke bringen, die weit größer als er selbst waren. Er besaß starke Kiefer mit scharfen Zähnen und zudem eine säbelartige, riesige Klaue an jedem Fuß, die er in sein Opfer stoßen und es damit aufschlitzen konnte.

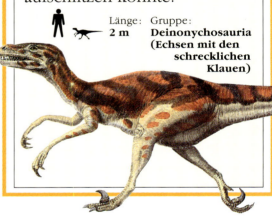

Länge: **2 m**
Gruppe: **Deinonychosauria
(Echsen mit den schrecklichen Klauen)**

Lambaeosaurus

Länge:
9 m
Gruppe:
**Ornithopoda
(Vogelfüßer)**

Lambaeosaurus konnte sowohl auf allen vieren als auch zweibeinig laufen. Er fraß Pflanzen, wobei es ihm sein langer, biegsamer Hals gestattete, einen weiten Umkreis abzuernten, ohne sich dabei groß von der Stelle rühren zu müssen. An seinem Kopf befanden sich zwei Knochenstrukturen: ein großer hohler Knochenkamm und ein rückwärtsgerichteter Knochendorn.

Obere Kreide

Ankylosaurus

Gekrümmte Echse

Länge:
bis zu 10 m
Gruppe:
**Ankylosauria
(Panzerdinosaurier)**

Der ganze Körper dieser Panzerechse war mit ovalen Knochenplatten besetzt, die in einer dicken Lederhaut steckten. Zudem standen auf seinem Rücken und dem Schwanz Reihen von Stacheln. Der Schwanz selbst endete in einer Knochenkeule. Beim Angriff rührte sich Ankylosaurus vermutlich nicht von der Stelle und vertraute auf den Schutz seines Panzers. Kam jedoch der Angreifer zu nahe, konnte es geschehen, daß er einen mächtigen Keulenschlag abbekam.

Torosaurus – Stierechse

Torosaurus hatte den größten Kopf, den jemals ein Landbewohner trug. Hals und Nacken waren durch ein riesiges Knochenschild geschützt, und auf seinem Kopf befanden sich drei vorwärtsgerichtete Hörner. Das mächtige Tier wog bis zu 9 Tonnen. Wahrscheinlich führte Torosaurus als Pflanzenfresser ein geruhsames Leben, denn nur wenige Räuber wagten es, ihn anzugreifen.

Länge:
7,5 m
Gruppe:
**Ceratopia
(Horndinosaurier)**

Register

A

Acrocanthosaurus 61, 68
Aetosauria 10-11, 29
Alamosaurus 72, 87
Alioramus 72, 77
Allosaurus 57
Alphadon 70-71, 72-73
Ammoniten 32
Anatosaurus 90
Anchisaurus 32, 37
Ankylosauria 10-11, 40, 62,
    68, 75, 79, 86, 90, 93
Ankylosaurus 73, 93
Anurognathus 66-67
Apatosaurus 55, 57
Archaeopteryx 42-43, 44-45,
    66
Archelon 72, 91
Archosauria 10-11, 16, 20,
    24, 25
Askeptosaurus 19
Aussterben der Dinosaurier
    72

B

Barapasaurus 36
Baryonyx 61, 63
Belemniten 32-33
Benettiteen 58-59, 60-61,
    70-71, 72-73
Bernissartia 60, 62
Blütenpflanzen 14, 70-71,
    72-73
Brachiosaurus 45, 56
Brontosaurus 55

C

Camptosaurus 42-43, 44-45,
    46
Carnosauria 10-11, 40, 48,
    50, 54, 57, 63, 68, 75, 76,
    77, 82
Ceratopia 10-11, 65, 76, 90,
    91, 92, 93
Ceratosaurus 54
Cetiosauriscus 42-43, 44-45
Champsosaurus 83
Chasmatosaurus 16

Chelonia 10-11, 91
Coelophysis 12-13, 14-15, 28
Coelurosauria 10-11, 27, 28,
    48, 54, 68, 82-83, 84
Coelurus 54
Compsognathus 44
Corythosaurus 70-71, 72-73,
    86
Crinoiden (Seelilien) 32-33
Crocodilia 8-9, 10-11, 20, 27,
    34, 41, 47, 62, 82
Cycadeen 12-13, 14-15,
    58-59, 60-61
Cymbospondylus 21
Cynodontia 10-11, 20, 22-23
Cynognathus 14, 17

D

Dapedium 33
Daspletosaurus 82
Deinonychosauria 10-11, 69,
    77, 92
Deinonychus 61, 69
Deinosuchus 82
Delphine 38-39
Desmatosuchus 14, 29
Diapsida 19, 83
Dickkopfechsen 10-11, 84,
    86
Dicraeosaurus 44, 49
Dilophosaurus 32, 40
Dimorphodon 32, 34
Diplodocus 44, 54, 57
Dromaeosaurus 92
Dryosaurus 56
Dsungaripterus 58-59,
    60-61, 64

E

Echinodon 61, 62
Echsenbeckendinosaurier 8,
    10-11
Echsen mit den
    schrecklichen Klauen
    10-11, 77, 92
Eidechsen 10-11, 25
Eier des Dinosaurier 88-89
Elaphrosaurus 44, 48

Elasmosaurus 77
Entenschnabeldinosaurier
    84, 88-89, 90
Ericiolacerta 22-23
Erste pflanzenfressende
    Dinosaurier 10-11, 26, 29,
    36, 37
Erste Reptilien 10-11, 16, 24,
    25, 83
Erythrosuchus 16
Eudimorphodon 24
Euhelopus 50
Eurhinosaurus 32, 38-39
Eustreptospondylus 75

F

Farne 12-13, 14-15, 42-43,
    44-45
Fleischfressende
    Dinosaurier 40, 63, 68
Flugsaurier 8-9, 10-11, 24,
    34, 46, 51, 64, 66-67, 74

G

Gepanzerte Reptilien 29, 68
Ginkgos 14, 44
Gracilisuchus 20
Große fleischfressende
    Dinosaurier 10-11, 48, 50,
    54, 57, 75, 76, 77, 82

H

Hadrosauridae 10-11
Henodus 14, 25
Heterodontosaurus 33, 37
Horndinosaurier 10-11, 65,
    76, 90, 91, 92, 93
Hylaeosaurus 61, 62
Hyperodapedon 26
Hypsilophodon 60
Hypsognathus 29

I

Ichthyosauria (Fischechsen)
    8-9, 10-11, 21, 28, 32-33,
    35, 38-39, 41, 46, 63, 64

Ichthyosaurus 32, 38-39
Iguanodon 46, 58-59, 60-61,
    63, 64
Insekten 14

J

Jura, Unterer 30-41
Jura, Oberer 42-57

K

Kannemeyeria 22-23
Kentrosaurus 48
Kleine fleischfressende
    Dinosaurier 10-11, 27, 28,
    48, 54, 68, 82-83, 84
Kreide, Untere 58-59
Kreide, Obere 70-93
Krokodile 8-9, 10-11, 20, 27,
    34, 41, 47, 62, 82
Kuehneosaurus 25

L

Lagosuchus 20
Lambeosaurus 72, 92
Langhalsige Pflanzenfresser
    10-11, 37, 49, 51, 54, 57,
    78-79, 87
Lariosaurus 19
Lepidotes 32
Lesothosaurus 33, 36
Liopleurodon 44, 47
Lystrosaurus 14, 17

M

Maiasaura 88-89
Mamenchisaurus 51
Mammutbaum 42-45
Massetognathus 20
Massospondylus 12-13,
    14-15, 29
Meeresechsen 74, 85
Meeresreptilien 8-9, 10-11,
    17, 18, 19, 28, 34, 35,
    38-39, 41, 46, 47, 77
Megalosaurus 42-43, 44-45,
    48

94

Metoposaurus 12-13, 14-15
Metriorhynchus 47
Mixosaurus 21
Mosasauria 10-11, 74, 85

N

Nadelbäume 14-15, 44,
    58-59, 60-61
Nodosaurus 90
Nothosauria 9, 10-11, 18, 19
Nothosaurus 14

O

Obere Kreide 70-93
Oberer Jura 42-57
Oligokyphus 34
Ophthalmosaurus 44, 46
Opisthocoelicaudia 79
Ornithopoda (Vogelfüßer)
    10-11, 36, 37, 41, 46, 56,
    57, 62, 63, 65, 69, 78, 83,
    84-85, 86, 87, 91, 92
Ornithosuchus 25
Othnielia 45, 57

P

Pachycephalosauria 10-11,
    84, 86
Pachycephalosaurus 86
Pachyrhachis 65
Pachyrhinosaurus 90
Pangaea 15
Panoplosaurus 86
Panzerdinosaurier 10-11, 40,
    62, 79, 86, 90, 93
Parasaurolophus 70-71,
    72-73, 87
Parksosaurus 85
Pholidophorus 33
Phytosauria 10-11, 27
Pistosaurus 18
Placochelys 18
Placodontia 9, 10-11, 16, 18,
    25
Placodus 16
Platecarpus 74
Plateosaurus 26

Plattendinosaurier 49, 50,
    52-53, 64
Plesiosauria 8-9, 10-11, 35,
    47, 77
Plesiosaurus 32, 35
Plotosaurus 85
Primitive frühe Reptilien
    10-11, 29
Probactrosaurus 64
Procompsognathus 15, 27
Prosaurolophus 84
Prosauropoda 10-11, 26, 29,
    36, 37
Protoceratops 72, 76
Protosuchus 32, 41
Psittacosaurus 60, 65
Pteranodon 70-71, 72-73, 74
Pterodactylus 44, 48
Pterosauria (Flugsaurier)
    8-9, 10-11, 24, 34, 46, 48,
    51, 64, 66-67, 74

Q

Quetzalcoatlus 66-67

R

Rhamphorhynchus 66-67
Rhynchosauria 26
Riojasaurus 15
Rutiodon 27

S

Saichania 79
Saltopus 15
Säuger 44
Säugerähnliche Reptilien 9,
    10-11, 17, 22, 23, 25, 34
Saurolophus 83
Sauropelta 68
Sauropoda 10-11, 27, 49, 51,
    55, 57, 78-79, 87
Scaphognathus 42-45, 46
Scelidosaurus 32, 40
Schachtelhalme 58-61
Schildkröten 10-11, 88, 91
Scutellosaurus 41
Serpentes (Schlangen) 65

Shantungosaurus 78
Shonisaurus 28, 38
Sordes 51
Spinosaurus 9
Stagonolepis 24
Stegoceras 72, 84
Stegosauria 10-11, 49, 50,
    52-53, 64
Stegosaurus 52-53
Stenonychosaurus 84
Stenopterygius 41
Struthiomimus 72, 82
Struthiosaurus 75
Styracosaurus 92

T

Tarbosaurus 76
Teleosaurus 32, 34
Temnodontosaurus 32, 35
Tenontosaurus 69
Terrestrisuchus 27
Thecodontosaurus 32, 36
Therapsida 9, 10-11, 17, 34
Theropoda 10-11
Thescelosaurus 69
Thrinaxodon 22
Ticinosuchus 18
Torosaurus 73, 93
Trias 12-29
Triceratops 73, 91
Trilophosaurus 12-13, 14-15
Tsintaosaurus 78
Tuojiangosaurus 45, 50
Tyrannosauria 80-81
Tyrannosaurus 70-71, 72-73,
    77, 80-81

U

Untere Kreide 58-59
Unterer Jura 30-31

V

Velociraptor 77
Vogelbeckendinosaurier 8, 10-11
Vogelfüßer 10-11, 36, 37, 41,
    46, 56, 57, 62, 63, 65, 69,
    78, 83, 84-85, 86, 87, 91, 92

W

Wirbellose 32
Wuerhosaurus 58-59, 60-61,
    65

Y

Yangchuanosaurus 45, 50